DISEÑADOS
—— PARA ——
ADORAR

Libros de A.W. Tozer publicados por Portavoz:

El Consejero

Deléitate en Dios

Diseñados para adorar

Este mundo: ¿campo de recreo o campo de batalla?

Fe auténtica

Fe más allá de la razón

Lo mejor de A.W. Tozer, Libro uno

Lo mejor de A.W. Tozer, Libro dos

Los peligros de la fe superficial

El poder de Dios para tu vida

¡Prepárate para el regreso de Jesús!

La presencia de Dios en tu vida

La verdadera vida cristiana

Una fe incómoda

Y Él habito entre nosotros

DISEÑADOS

—— PARA ——

ADORAR

A.W. TOZER

EDITORIAL
PORTAVOZ

La misión de *Editorial Portavoz* consiste en proporcionar productos de calidad —con integridad y excelencia—, desde una perspectiva bíblica y confiable, que animen a las personas a conocer y servir a Jesucristo.

Título del original: *The Purpose of Man* © 2009 por James L. Snyder y publicado por Bethany House Publishers, una división de Baker Publishing Group, Grand Rapids, Michigan, 49516, U.S.A. Traducido con permiso.

Edición en castellano: *Diseñados para adorar* © 2011 por Editorial Portavoz, filial de Kregel Inc., Grand Rapids, Michigan 49505. Todos los derechos reservados.

Traducción: Daniel Menezo

EDITORIAL PORTAVOZ
2450 Oak Industrial Dr. NE
Grand Rapids, Michigan 49505 USA
Visítenos en: www.portavoz.com

ISBN 978-0-8254-1815-0

4 5 6 7 8 edición / año 25 24 23 22 21 20 19

Impreso en los Estados Unidos de América
Printed in the United States of America

CONTENIDO

A. W. TOZER: UN CORAZÓN PARA LA ADORACIÓN

Durante más de cuarenta y cuatro años, Aiden Wilson Tozer trabajó con la Alianza Cristiana y Misionera. Su ministerio más destacado radica en los treinta y un años que pasó con la Southside Alliance Church de Chicago, a menudo considerada la ciudadela del fundamentalismo. Sin embargo, su ministerio trascendió los confines de una denominación, lo cual lo convirtió a él en vocero para todo el cuerpo de Cristo. Sus libros y sus artículos se leían con afán, y el público asistía con gran expectación a su ministerio como orador. Raras veces defraudaba a quienes lo conocían. Si el oyente buscaba el cristianismo formulario, Tozer le decepcionaba. Si lo que le interesaba era lo que él llamaba «el cristianismo para sentirse bien», le decepcionaba todavía más.

Durante su vida, Tozer ganó reputación por muchas cosas: como crítico del panorama religioso, predicador de renombre, editor de una destacada revista cristiana y autor de diversos clásicos devocionales. No obstante, el verdadero meollo de su vida cotidiana se centraba en la adoración a Dios. No había nada más que ocupase su mente y su vida. Esa adoración a Dios no era un añadido a una agenda apretada; se convirtió en la mayor pasión de su vida. Todo giraba en torno a su adoración personal a Dios.

La adoración como estilo de vida

Tozer pagó un precio por su estilo de vida de adoración. Muchas personas, incluso en su propia familia, no lo comprendían ni asimilaban su insistencia en estar a solas. Algunos incluso lo consideraban un tanto excéntrico; pero lo que otros pensaran de él no le inquietaba lo más mínimo. Su objetivo primario era la adoración a Dios. No había nada más importante que eso. Para apreciar el ministerio de Tozer, usted debe entender su pasión por la adoración. Si no es así, es probable que malentienda no solo sus palabras, sino también sus actos. Él estaba totalmente volcado en esta actividad solemne, a la que se dedicaba con toda la pasión que tenía. Las ideas de Tozer sobre la adoración se habían condensado en una certeza que dominaba su vida y su ministerio. Tal como explicaba Tozer: «La adoración consiste en sentir en su corazón y expresar de un modo adecuado una sensación, humilde pero encantadora, de asombro, admiración y sobrecogimiento, y de amor irrefrenable en presencia del Misterio más antiguo, esa majestad a la que los filósofos llaman la Causa Primera, pero a la que nosotros llamamos nuestro Padre celestial».

Tozer marchaba al son de un tambor distinto, pero no por ser simplemente un rebelde. Puede que eso tuviera un cierto peso en su vida, pero el factor principal era su entrega absoluta a Jesucristo. La familia, los amigos e incluso el ministerio tenían que ocupar una segunda posición frente a este anhelo que él sentía. Quizá su ensayo «El santo debe caminar solo» explique hasta cierto punto su idea de lo que era la verdadera espiritualidad. Su punto de referencia en la vida era la persona de Jesucristo, y haría todo lo que estuviera en su mano para verlo con mayor claridad.

Toda su energía espiritual y toda su disciplina iban encaminadas por esa singular vía. En consecuencia, y en cierta medida, era una persona de trato difícil, no porque fuera exigente o irascible, sino sencillamente porque estaba concentrado en Dios. En ocasiones se sentaba a cenar con su familia, sobre todo cuando sus hijos ya habían abandonado el hogar, y no pronunciaba una sola palabra. No es que estuviera enfadado con alguien; estaba centrado en Dios y no interrumpía esa concentración ni siquiera para tener comunión con su familia o sus amigos. Tozer no dedicaba mucho tiempo a pulir sus habilidades para socializar, lo cual era, posiblemente, una debilidad flagrante de su carácter. Sin embargo, realizar la obra que él creía que Dios le había encomendado le exigía pasar mucho tiempo alejado de otras personas y encerrado a solas con Dios.

Tozer cultivaba diariamente su capacidad de centrarse en el Señor. Esto apaciguaba su corazón, y de esa calma nacía la adoración y la alabanza para el Dios trino.

A menudo, durante una prédica, Tozer parecía preocupado. No dejaba de meditar sobre algún aspecto de Dios. Una vez afirmó que soñaba con Él; hasta tal punto sus pensamientos se centraban en la Deidad. Aunque tenía bastantes conocimientos sobre diversas materias, y poseía opiniones firmes sobre muchas de ellas, al final de su vida Tozer definió aún más su relación con Dios y dejó a un lado cualquier otro asunto que no fuera la adoración.

Tozer compartió generosamente las lecciones que había aprendido sobre la adoración con todos los que quisieran escucharlo. Sus prédicas y sus escritos eran las declaraciones diáfanas de lo que experimentaba en sus encuentros privados con Dios. Al salir de su burbuja de oración, empapado de la fragancia de la Presencia divina, estaba ansioso por informar de todo lo que había experimentado. Tras uno de estos sermones durante su ministerio en Chicago, un miembro de la congregación observó: «Ha superado a David».

Un mensaje para las generaciones

Pocos escritores llegan hasta la esencia de un tema con la misma rapidez que Tozer. Rehuía las cosas triviales, concentrándose en aquellos ingredientes importantes para el caminar con Dios del creyente. En este libro, desnuda su alma sobre la adoración, la máxima obsesión de su vida. Aunque son muchos los que han escrito sobre este tema, creo que Tozer los supera a todos por su enorme pasión y su propósito supremo. Después de leer este libro, usted no solo comprenderá la adoración, sino que también la experimentará en su propio ser.

Es posible que no siempre esté de acuerdo con él, pero siempre sabrá qué cree y por qué. Él nos dice: «Esta será la mejor enseñanza de mi ministerio, compararme conmigo mismo». Los mensajes subsiguientes demuestran que Tozer era el profeta que sugería su reputación. «Quiero exponer a las personas mi alma como profeta de Dios, explicándoles por qué fuimos creados y por qué estamos aquí, no para satisfacer el apetito inmediato, sino para un propósito mayor, más importante y eterno: que podamos adorar a Dios y disfrutar de Él para siempre».

A lo largo de este libro, el Dr. Tozer expone sistemáticamente su enseñanza sobre un tema que le era muy querido. En ningún otro lugar, hallaremos una tesis más desarrollada sobre la adoración, que nace de una pasión santificada. Tozer fue uno de los primeros, dentro de los círculos evangélicos, en llamar la atención sobre esta doctrina bíblica olvidada. Emitió un llamado inequívoco a los cristianos, para que recuperasen su primer amor. Ahora que el péndulo ha llegado al otro extremo dentro de la Iglesia evangélica, estas enseñanzas son tan necesarias como lo fueron cuando Tozer las predicó.

A muchas personas les interesa el tema de la adoración, y la mayoría de los libros sobre este se centra en la tecnología y el desempeño de esta actividad. Este libro está profundamente enraizado en la doctrina bíblica y en los escritos históricos que se enfocan en la Presencia de Dios. Uno de los grandes aspectos de esta obra es el modo en que Tozer combina las Escrituras con los pensamientos de algunos de los grandes escritores devocionales de la historia. Muchos los definen como místicos, y Tozer es el responsable de haber presentado estos grandes santos a los protestantes y a los evangélicos. El libro está bien sustentado por los pensamientos de esos grandes santos del pasado y por sus escritos inspirados por el Espíritu.

Un estudio profundo del ministerio de Tozer nos llevará a la sencilla conclusión de que este no se limitaba simplemente a redactar sermones, artículos y editoriales. Siempre tenía algo importante que informar. Todo su ministerio se caracterizó por este particular. Creía firmemente que su labor debía nacer de una vida de adoración. Toda obra que no nazca de la adoración es inaceptable para Dios. Y, después de todo, al que intentamos complacer es a Dios, no al hombre.

A lo largo de su dilatado ministerio, Tozer jamás se involucró en cuestiones sociales o políticas. No es que no tuviera una opinión sobre esos temas, porque sí la tenía. Estaba convencido de que su responsabilidad estribaba en aferrarse a las grandes cuestiones esenciales de la vida. Por eso sus escritos son hoy tan frescos y relevantes como cuando se publicaron por primera vez. Él creía que algunas cosas no cambian jamás, independientemente de la generación. Se aferró a esos aspectos fundamentales; y usted puede respaldar lo que dice Tozer o aborrecerlo. Mientras otros ministerios se involucraban en temas políticos, Tozer se contentó con predicar a Dios.

En este libro sobre la adoración, el propósito de Tozer es doble: manifestar sus pensamientos sobre un tema muy cercano a su corazón e inspirar a otros para que cultiven un espíritu adorador en la vida cotidiana. Tozer echa un cimiento sólido, y cuando una persona haya leído este libro, podrá desarrollar un estilo de vida de adoración que domine su existencia. Nadie que lea este libro de principio a fin será igual que antes, sobre todo en lo relativo a su adoración personal de Dios.

A menudo, cuando estaba con ánimo reflexivo, Tozer confiaba a un amigo: «Mi ambición es amar a Dios más que cualquier otro de mi generación». Sin que importe lo que quería decir con eso, es evidente que sentía una pasión por Dios que controlaba toda su vida. Existen evidencias que sugieren que alcanzó este objetivo mucho más de lo que él imaginaba.

El primer libro que escribió que llamó la atención del público cristiano fue *La búsqueda de Dios*. El último fue *El conocimiento del Santo*. Tozer vivió entre esos dos libros. *Vivió* una vida de adoración, y no había nada más que le importase. Sacrificó a su familia, a sus amigos y su reputación en su búsqueda de Dios.

La crítica que hizo Tozer del entretenimiento dentro de la Iglesia le granjeó muchos enemigos. En ocasiones, su extrema consideración de la adoración lo llevaba a criticar sin piedad. La adoración debía ser pura, y las cosas de este mundo no podían mancillarla. Desde su punto de vista, adoración y mundo eran conceptos opuestos. Cuando alguien sugirió que cantar un himno era un tipo de entretenimiento, Tozer se enfureció. Algunas de sus denuncias más elocuentes siguieron este derrotero. Le preocupaban, como era justo, la invasión de la mundanalidad en la Iglesia y su efecto sobre los cristianos. En especial, se mostraba inconmovible sobre los métodos evangelísticos modernos que muchos defendían. Consideraba que rebajaban los estándares de la Iglesia, y era enemigo acérrimo de ellos.

En ocasiones sus comentarios son duros, motivados por su profundo amor por la Iglesia y la comunión del pueblo de Dios. No soportaba la idea de que se rebajase el mensaje o el espíritu del cristianismo neotestamentario. Creía firmemente que la Iglesia de Jesucristo tenía un mensaje viable para el mundo, y quería hacer lo posible para que ese mensaje no se mezclase ni diluyese. Los tiempos difíciles requieren medidas extremas, y Tozer sentía que la Iglesia se estaba alejando de esas medidas, adaptándose al mundo que la rodeaba.

Describió acertadamente su filosofía al afirmar: «Creo que todo está mal hasta que Dios lo endereza». Ese fue su punto de partida y, desde él, proclamó la libertad por medio del Señor Jesucristo.

El entretenimiento en la Iglesia

Una vez Tozer escribió un folleto, «La amenaza de la película religiosa», en el que plantea con una lógica irresistible su convicción sobre el asunto del entretenimiento en la Iglesia. Sus opiniones están firmemente asentadas en principios bíblicos. El mensaje no debe ser lo único que complazca a Dios, sino también los métodos usados para transmitirlo, que deben ser compatibles con el carácter y la naturaleza divinas. Constantemente ridiculizó la idea de que «los nuevos tiempos exigen nuevos métodos».

Para entender plenamente la crítica de Tozer al entretenimiento, debemos examinar su concepto de la adoración. Él creía firmemente que el entretenimiento socavaría la adoración cristiana y pondría en peligro a la Iglesia, una idea que le resultaba espantosa. La integridad de la Iglesia, como Tozer la entendía, corría el peligro de hacer concesiones mediante la introducción de «cosas» en el santuario. Sus ideas sobre la música, la oración, el evangelismo y las misiones nacieron del imperativo de adorar dentro de la comunidad cristiana.

El legado espiritual de Tozer

El legado de Tozer se encuadra en el área de la *majestad de Dios*. Hiciera lo que hiciese, su deseo supremo era exaltar al Señor Jesucristo con la mayor sencillez posible. Intentó exponer a su generación la importancia de ciertas virtudes, como la sencillez y la soledad, y llamar la atención de los jóvenes predicadores —sobre los que tenía una gran influencia— para apartarlos del fingimiento, la hipocresía y toda infiltración mundana en la política de la Iglesia. Tozer recomendaba pasar un tiempo a solas con la Biblia y con un himnario. Su intimidad con Dios hizo que su ministerio fuera lo que fue y que aún hoy se recuerde.

Otro aspecto importante de su legado es su *perspicacia espiritual*. Tozer percibía hasta tal punto la naturaleza de las cosas que para él era una carga. Una vez dijo que si uno quiere ser feliz, no debe pedir discernimiento. Tozer tenía el don del discernimiento espiritual. Podía ver más allá de los hechos presentes, al resultado inminente de los años venideros. Veía que, si la Iglesia evangélica de su tiempo seguía transitando por el mismo camino, pronto sufriría graves problemas espirituales. Su mensaje fue siempre el de volverse a Dios a pesar de los inconvenientes o del precio por pagar. Urgía a las iglesias a olvidarse de las técnicas de Madison Avenue, las estrategias del mundo y sus programas y prioridades. Abogaba por una vida de sacrificio, negación de uno mismo y servicio a Cristo.

Durante su vida, Tozer fue ampliamente reconocido como vocero de Dios. Su perspicacia en cuestiones espirituales era penetrante y precisa. Muchos lo leían, pero pocos lo seguían. Quienes se atrevieron a hacerlo descubrieron, para su deleite, realidades espirituales que sobrepasaban a todo lo que pudiera ofrecer este mundo. Una vez experimentadas, es difícil regresar al hastío religioso del cristiano medio.

Habitualmente, Tozer dirigía su ministerio al cristiano normal. Los cristianos de a pie, sentados en sus bancos, podían comprender su mensaje, pero al cristiano medio, que se deleitaba en la mediocridad, no le gustaban sus declaraciones y su ardor espiritual. Una vez dijeron que san Agustín, obispo de Hipona, era un cristiano radical. Lo mismo podría decirse de A. W. Tozer.

En sus oraciones, Tozer nunca fingió una postura santurrona, sino que mantuvo un sentido constante de Dios que lo sumergía en la reverencia y en la adoración. Su ejercicio diario era la práctica de la presencia de Dios, al que buscaba con todo su tiempo y sus fuerzas. Para él, Jesucristo era una maravilla cotidiana, una sorpresa recurrente, un asombro constante de amor y de gracia.

Tozer escribió una vez: «Si usted se especializa en conocer a Dios y cultiva un sentido de su presencia en su vida diaria, y hace lo que aconseja el Hermano Lawrence, "practicar la presencia de Dios cada día", y busca el conocimiento del Espíritu Santo en las Escrituras, habrá recorrido un largo camino en el servicio a su generación. Nadie tiene derecho a morir hasta que haya servido a su generación».

Para Tozer la doctrina correcta no era suficiente. Le encantaba decir: «Usted puede ser teológicamente tan recto como un cañón de escopeta, pero estar espiritualmente tan vacío como él». Su énfasis recayó siempre en una relación personal con Dios; una relación tan real, tan personal y tan irrefrenable que cautivase por completo la atención de una persona. Anhelaba lo que él definía como un alma consciente de Dios, un corazón ardiente para Él.

La falta de espiritualidad entre los hombres y las mujeres modernos es vergonzosamente flagrante. Tozer atacó una de las causas primordiales. «Estoy convencido —dijo— de que la escasez de grandes santos en nuestra época, incluso entre aquellos que creen de verdad en Cristo, se debe en parte a nuestra falta de disposición para dedicar tiempo suficiente a cultivar el conocimiento de Dios». Luego pasó a ampliar esta idea. «Nuestras actividades religiosas deberían ordenarse de tal modo que dejaran mucho tiempo para cultivar los frutos de la soledad y el silencio».

Hubo momentos en que nadie compartió la opinión de Tozer sobre determinados temas, pero eso no le intimidó en absoluto. Nunca se preocupó por saber quién estaba con él o no; lo que le interesaba era la verdad. Era valiente en su crítica, lo cual le granjeaba enemigos con bastante rapidez. Una vez criticó una traducción de la Biblia muy popular: «Al leer esta nueva traducción, me embargó la misma sensación que podría tener un hombre si intentara afeitarse con un plátano».

Las personas seguían expectantes el ministerio de Tozer, sabiendo que gracias a él escucharían antiguas verdades revestidas de frescura y, en ocasiones, algunas expresiones desconcertantes. Una vez Tozer dijo: «Hace unos años oré a Dios pidiéndole que aguzase mi mente y me capacitara para recibir todo lo que quisiera decirme. Luego le pedí que ungiese mi cabeza con el óleo de la profecía, de modo que pudiera transmitir su mensaje a su pueblo. Puedo asegurarles que esa oración me ha costado muchos esfuerzos desde aquel momento».

Raymond McAfee, ayudante de Tozer durante más de quince años, se reunía con él en su estudio cada martes, jueves y sábado por la mañana, y pasaban media hora orando. A menudo, cuando McAfee entraba, Tozer le leía en voz alta algo que hubiera estado leyendo, que podía ser un texto de la Biblia, un himnario, un devocional o un libro de poesía. Luego se arrodillaba junto a su silla y empezaba a orar. En ocasiones, oraba con el rostro levantado; en otras, se postraba en el suelo, con una hoja de papel colocada debajo de la cara para no aspirar el polvo de la alfombra.

McAfee recuerda un día especialmente memorable. «Tozer se arrodilló junto a su butaca, se quitó las gafas y las depositó sobre la silla. Descansando sobre los tobillos flexionados, entrelazó los dedos de las manos, alzó el rostro con los ojos cerrados y comenzó: "¡Oh, Dios, estamos ante ti!". Con esas palabras, llegó como un torbellino de la presencia divina que llenó la habitación. Ambos adoramos, maravillados y sumidos en un éxtasis silencioso. Nunca he olvidado ese momento, ni quiero hacerlo».

Cuando oraba, Tozer se aislaba de todo y de todos, y se centraba en Dios. Sus mentores místicos le habían enseñado a hacerlo. Le mostraron cómo practicar cada día la presencia de Dios. Aprendió bien la lección.

El énfasis primordial del ministerio de Tozer como predicador y escritor recayó en este área de la adoración. Para él, la adoración es la ocupación del cristiano a tiempo completo. No podemos permitir que nada interfiera o reduzca este deber sagrado del creyente. Según Tozer, todo aquello que no fluya de forma natural, o espontáneamente, de nuestra adoración, no es genuino y a las malas es fingido. A Dios sólo debemos ofrecerle obras trabajadas de oro y de plata.

Tozer, que prácticamente fue una voz aislada en su generación, subrayaba la necesidad de una reforma drástica de la adoración, tanto personalmente como en la congregación, y afirmaba que nuestras ideas sobre ella debían estar en perfecta armonía con la Palabra de Dios revelada.

Durante la década de 1950, Tozer encontró un espíritu afín en un fontanero irlandés, Tom Haire, predicador laico. Haire se convirtió en el tema de siete artículos que Tozer escribió para *Alliance Life*, titulados «*The Praying Plumber of Lisburn*» [El fontanero que ora de Lisburn], que más tarde se publicaron en forma de librito. No podía haber dos hombres más diferentes, pero sin embargo su amor por Dios y su sentido de su valor los unían.

Una vez, mientras Haire estaba de visita en Chicago, la iglesia de Tozer dedicó una reunión nocturna a ayunar y orar. Haire se unió a ellos. De madrugada, tuvo sed y salió a buscar una taza de té. Algunos miembros de la iglesia pensaron que, al hacer esto, Tom había «cedido a la carne». Tozer no estuvo de acuerdo. En ese acto, vio la hermosa libertad que Tom disfrutaba con el Señor.

Justo antes de que Haire regresase a su tierra natal, pasó por Chicago para despedirse.

—Bueno, Tom —comentó Tozer—, imagino que volverás a Irlanda a predicar.

—No —repuso Tom, con su espeso acento irlandés—. Tengo intención de cancelar todos mis proyectos durante los próximos seis meses y destinar ese tiempo a prepararme para el trono del juicio de Cristo, mientras aún tenga tiempo para hacerlo.

Esta era una actitud bastante propia del mismo Tozer.

Si este libro hace que usted caiga de rodillas sumido en una adoración penitente ante Dios, y lo incita a apartarse de esa carrera frenética que es la vida religiosa y a centrarse en su derecho de nacimiento a la adoración, valdrá con creces el esfuerzo necesario para publicarlo.

—James Snyder

1

LA TRAGEDIA DE LA DEPRAVACIÓN HUMANA

*Rebosa mi corazón palabra buena; dirijo al rey mi canto;
mi lengua es pluma de escribiente muy ligero. Eres el más
hermoso de los hijos de los hombres; la gracia se derramó en
tus labios; por tanto, Dios te ha bendecido para siempre. Ciñe
tu espada sobre el muslo, oh valiente, con tu gloria y con tu
majestad. En tu gloria sé prosperado; cabalga sobre palabra de
verdad, de humildad y de justicia, y tu diestra te enseñará cosas
terribles. Tus saetas agudas, con que caerán pueblos debajo de
ti, penetrarán en el corazón de los enemigos del rey.*

SALMO 45:1-5

En el principio, Dios creó a Adán y a Eva, y los puso en el hermoso
huerto al este del Edén. Solo tenemos un pequeño atisbo de la
belleza de aquel mundo misterioso y maravilloso. Lo único que
sabemos es que Dios lo creó y luego dijo: «Es bueno». Esto nos
indica que toda la creación estaba en una armonía perfecta con
Dios, y que cumplía su propósito ordenado.

Quizá sería correcto sugerir que muchas personas, sumidas
en su búsqueda frenética de la vida, han olvidado el propósito de
su creación, desde el punto de vista de Dios. Recuerde que todo

lo que Él creó lo hizo según su propia voluntad (véase Ap. 4:11). Albergar la idea de que Dios haga algo por capricho o sin propósito supone malinterpretar por completo su naturaleza.

Después de que Dios hubo creado todo lo demás, dijo con una sonrisa en el rostro: «Haremos al hombre». Inclinándose, tomó la arcilla del lecho del río, le dio forma y la trabajó como una niñera que se inclina sobre un bebé. Dio forma al hombre y sopló en su nariz el aliento de vida, y este se convirtió en un alma viviente. Dios puso al hombre sobre sus pies y le dijo: «Mira a tu alrededor. Todo lo que ves es tuyo. Y mírame a mí, que también lo soy. Yo te miraré y veré en tu rostro el reflejo de mi propia gloria. Esa es tu razón de ser, por eso fuiste creado, para que me adores, disfrutes de mi presencia, me glorifiques y yo sea tuyo para siempre».

Luego Dios hizo caer sobre Adán un sueño profundo y de su costilla formó a la mujer, a la que Adán llamó Eva. Juntos fueron creados con un propósito.

El propósito de Dios al crear a Adán y Eva se resume en qué podían hacer ellos para Dios que ningún otro ser de la creación podía hacer. Eran exclusivos de Dios, y no compartían esa exclusividad con ningún otro ser de toda la creación. A diferencia de todo lo demás en este mundo místico y maravilloso que es la creación de Dios, Adán y Eva podían adorar al Creador, y Él anticipaba esa adoración. En el frescor de la mañana, Dios descendía y caminaba con Adán y Eva en el huerto del Edén, donde ellos le ofrecían gozosamente su reverencia y su adoración. En ninguna parte leemos que Dios descendiera y se abrazara a un árbol, o que caminase con algún animal o planta de los que había creado; tampoco hablaba con ninguno de los animales. Solo Adán y Eva podían ofrecer a Dios la comunión que Él deseaba. Este era su propósito único, que nada más en la creación de Dios compartía.

Pensando en aquellas ocasiones en que el Señor caminaba con ellos en el frescor del día, en el huerto, me pregunto de qué hablaban. El clima era ideal; Adán y Eva disfrutaban de una salud perfecta, y aún no se habían inventado los deportes. Obviamente, era una comunión fundamentada en la compatibilidad de ambas partes. Algo que había en el hombre respondía a la presencia de Dios como no podía hacerlo nada más de toda la creación divina. Dios creó al hombre a su imagen, y de ahí nació la dinámica maravillosa de la adoración. El propósito único de Adán y Eva en el huerto era el de proporcionar a Dios placer, alegría y comunión, que son el fundamento de toda adoración genuina.

Todo lo que había en el huerto mantenía una armonía y una simetría perfectas. Hasta que Dios se apartó por un momento y, mientras estuvo ausente, aquel ser antiguo y maligno, el dragón llamado Satanás, vino y sembró en las mentes de Adán y de Eva una semilla venenosa. En consecuencia, ellos se rebelaron contra Dios y contra su propósito para ellos. Cuando cruzaron aquella frontera, inmediatamente Dios supo que la comunión se había roto, pues Él sabe todas las cosas.

La religión de la hoja de higuera

Además, a Adán y a Eva les invadió una sensación terrible de desorientación, que dio como fruto la amnesia espiritual. Se miraron por primera vez y se vieron bajo una luz distinta. Vieron su desnudez y, sumidos en un estado de desorientación espiritual, recolectaron hojas de higuera para ocultarla. Así nació la religión: la religión de la hoja de higuera. La religión siempre se centra en lo externo, y Adán y Eva estaban obcecados en su condición externa. Habían perdido el foco de su hermosura y su propósito internos, y ya no satisfacían los criterios de comunión con su Creador.

Cuando Dios descendió, como era habitual, para tener comunión con ellos, Adán y Eva no estaban por ninguna parte. Dios los buscó entre los árboles del huerto y llamó a Adán: «¿Dónde estás tú?».

Dios llamó a aquel hombre que había huido de Él y se había ocultado entre los árboles del huerto. Adán escuchó la voz del Señor en medio del frescor del día, como siempre, pero se sintió confuso. ¿Por qué venía Dios al oriente del Edén? ¿Qué hacía allí? Había acudido para pasar su tiempo habitual con Adán, cuando este debía adorarlo, admirarlo y estar con Aquel que lo había creado.

Adán, avergonzado, salió casi a rastras de detrás de uno de los árboles.

Dios le preguntó:

—¿Qué has hecho?

Adán, acongojado, contestó:

—Comimos del fruto prohibido —y luego, para justificar su acto, agregó—, pero me lo dio la mujer que tú me diste.

Dios se volvió a la mujer.

—¿Qué has hecho?

Inmediatamente, ella echó la culpa a la serpiente.

Ya habían aprendido a culpabilizar a otros por el estado de su alma. Este acto de echar la culpa a otros por todas nuestras iniquidades es una de las grandes evidencias del pecado y es el precursor de la religión.

Sucedió algo que alteró todo el escenario, arrebatando a la humanidad el conocimiento de Dios. Adán y Eva, en aquel entorno perfecto y con el propósito exclusivo y supremo de adorar a Dios, se rebelaron contra ese propósito, lo cual dio como resultado lo que los teólogos llaman la Caída del hombre o la Depravación.

Nuestro mundo está plagado de tragedias debido a esta enorme y aplastante tragedia cósmica en el Edén. En nuestra sociedad contemporánea, aún se dejan sentir sus repercusiones. La pregunta acuciante que demanda una respuesta es: ¿Cuál fue la consecuencia trágica de esta Caída? ¿Por qué es importante para nosotros hoy y por qué deberíamos reflexionar sobre ella?

Algunos dicen que la Caída es la fuente de todos los problemas que han plagado a la humanidad a través de los años. Algunos señalan como resultado de ella la proliferación de las enfermedades. Otros se centran en todo ese odio que ha infectado a la humanidad a lo largo de los siglos: nación contra nación, reino contra reino y holocaustos que han sucedido periódicamente a lo largo de la historia. Ninguna generación ha escapado a ese odio y a esa ira. Sin embargo, estos efectos a corto plazo son una mera consecuencia que no representa la verdadera tragedia de la Caída.

La pérdida de propósito

¿Cuál fue la auténtica tragedia de aquella espantosa ruptura cósmica que afecta a la humanidad por siempre? La verdadera tragedia en el huerto del Edén fue que Adán y Eva perdieron su propósito. Olvidaron quiénes eran. No sabían dónde estaban; no comprendían de dónde venían ni para qué estaban allí. Olvidaron el propósito de su existencia. Aunque hubieran hecho lo posible para desprenderse de aquella niebla espiritual, hubieran visto que no podían; porque, hicieran lo que hiciesen, no se disipaba. Por consiguiente, tomados de la mano, hicieron su salida al mundo, sin saber adónde iban. La humanidad sigue vagando en este páramo moral y espiritual.

Padecieron lo que yo llamo amnesia espiritual. Su laberinto espiritual queda ilustrado, como suele pasar, en el mundo físico. Un hombre se despierta en un hospital y descubre que ha estado en coma una semana. No sabe cómo llegó allí ni por qué. No sabe dónde está; de hecho, no recuerda ni su nombre. Le dicen que hace una semana se encontró con unos ladrones que le dieron una gran paliza y le robaron todo, incluso su identidad. Le arrebataron todo lo que podía decirle quién era o por qué estaba en esa ciudad. Los médicos le diagnosticaron amnesia. Es un verdadero problema, porque aquel hombre no tiene un solo recuerdo de lo que le sucedió. Ha perdido toda perspectiva de su vida y ni siquiera sabe su nombre, lo cual le hace vulnerable frente a personas que no conoce.

Esta crisis de identidad es un trastorno grave y, afortunadamente, para muchas personas solo es temporal. Gracias al trabajo presto y a la ayuda paciente del equipo médico, el individuo puede recuperar la memoria. Pero hasta que lo consiga, ha perdido todo propósito en su vida y depende de otros para que le ayuden a definirlo.

Esto es lo mismo que sucede en la esfera espiritual. Como el enemigo de la humanidad los ha golpeado y les ha robado su identidad, los hombres y las mujeres vagan por el mundo sumidos en una niebla moral y espiritual, sin saber quiénes o qué son, o adónde van.

Ahí es exactamente donde se encuentra hoy el ser humano. Padecemos una extraña amnesia espiritual y no logramos recordar quiénes somos o por qué estamos aquí. Buscamos a nuestro alrededor una explicación de nuestra existencia. Lamentablemente, los hombres y las mujeres que padecen este problema buscan respuestas en cualquier persona que les ofrezca una esperanza. Con demasiada frecuencia obtienen respuestas equivocadas de quienes poseen la integridad menos creíble de todas, por no mencionar sus propósitos retorcidos.

Pregúntele a un licenciado universitario joven:

—Bob, ¿por qué estás aquí?

—Quiero casarme. Me gustaría ganar dinero y también viajar.

—Pero escucha, Bob, esas son metas cortas de miras. Una vez las alcances, envejecerás y morirás. ¿Cuál es el propósito importante que gobierna tu vida?

Con una mirada de extrañeza, es posible que Bob responda:

—No sé si tengo algún propósito en la vida.

Esta es la condición en que se encuentra actualmente el mundo, en cualquier lugar, en toda cultura. Desde las universidades hasta las minas de carbón, las personas no saben por qué están en este mundo. Padecen una amnesia moral y espiritual extraña, y no conocen el propósito de su vida, por qué fueron creados o qué los han enviado a hacer. En consecuencia, sus vidas están llenas de confusión, y buscan explicaciones donde sea; esto demuestra la proliferación de religiones en nuestro mundo. La religión solo aborda el estado externo del hombre, no su confusión interna.

A pesar de esta confusión, intentamos seguir adelante como sea. Viajamos, jugamos al golf, conducimos coches, comemos, dormimos, contemplamos cosas hermosas; pero todos estos son aspectos insatisfactorios de nuestra vida.

El enemigo del alma humana ha saboteado con éxito esta búsqueda de identidad moral y espiritual. Hace todo lo que esté en su mano poderosa para impedir que descubramos quiénes y qué somos. Desafiante, conociendo nuestro propósito, se sitúa ante nosotros y nos reta a cruzar su línea. Ofrece todo lo que queramos para impedir que encontremos la solución correcta. Lamentablemente, tiene muchos seguidores.

¿Dónde podremos encontrar una respuesta a este dilema? ¿Qué autoridad de este mundo puede llevarnos a una comprensión de por qué estamos aquí?

Afortunadamente para nosotros, la Biblia es esta autoridad y nos explica por qué estamos aquí.

El propósito recuperado

Deseo liberar mi alma como profeta de Dios y explicar, basándome en la Biblia, por qué fuimos creados y estamos aquí. Puede que no satisfaga las necesidades temporales, pero sí algo mayor, de mayor importancia y eterno. *Este propósito, definido bíblicamente, es que adoremos a Dios y disfrutemos de Él para siempre.* Aparte de esto, el hombre no tiene propósito; y sin este, deambula de un lado a otro, sumido en la desorientación espiritual que cada vez le obstaculiza más descubrir el propósito para el que fue creado.

Dios nunca hace nada sin un buen propósito. Él es inteligente, porque el intelecto es un atributo de la deidad. Este intelecto se aprecia en todos los aspectos de la creación. Nada de lo que hay en ella carece de significado, incluso aunque en ese momento no lo veamos ni lo comprendamos.

En lo más hondo del corazón de toda persona, existe el anhelo insaciable de conocer este propósito de la vida que, según afirmo yo, es indicativo del residuo del recuerdo anterior a la Caída en el huerto del Edén. Los hombres y las mujeres luchan por conocer el «porqué» de todas las cosas. Manifiestan una inquietud constante y legítima, y plantean una pregunta elemental que exige una respuesta satisfactoria. El problema es que la mayoría de las personas obtiene la respuesta equivocada.

Sin embargo, existe una respuesta buena y legítima a esta búsqueda; se resume en el siguiente versículo: «Rebosa mi corazón palabra buena; dirijo al rey mi canto... Y deseará el rey tu hermosura; e inclínate a él, porque él es tu señor» (Sal. 45:1, 11).

Y podría adentrarme incluso más en los Salmos: «Venid, adoremos y postrémonos; arrodillémonos delante de Jehová nuestro Hacedor» (Sal. 95:6), y el Salmo 96.

Además de esto, podría recurrir a muchos otros pasajes de las Sagradas Escrituras que dirigen a toda la humanidad un llamado a la adoración. Es el eco de la voz de la adoración, que nos dice por qué nacimos: para adorar a Dios y disfrutar de Él para siempre. Nos informa que debemos glorificarlo para siempre y, por encima de toda otra criatura, conocer, admirar, amar y adorar al Dios trino. Hemos de dar al Señor aquello que desea.

En nuestra Biblia, leemos sobre aquellos que adoran a Dios día y noche en el templo, y nunca cesan de cantar: «...Santo, santo, santo, Jehová de los ejércitos; toda la tierra está llena de su gloria» (Is. 6:3).

Comparemos esto con la iglesia promedio, corriente y moliente, incluso la Iglesia evangélica actual, que parece amar cualquier otra cosa, menos la adoración. Hoy día, lo que pasa por adoración en muchas iglesias es cualquier cosa menos lo que refleja la mente y la naturaleza sagradas de Dios, o lo que le agrada. En muchos casos, la adoración es envarada y artificial, carente de todo aspecto de vida. Me temo que muchos han olvidado del todo lo que significa adorar a Dios en la sagrada asamblea. Encontramos montones de rituales y de rutinas, pero carecen de la pasión arrolladora que conlleva estar en la santa presencia del Padre.

Algunos dicen que la respuesta a todas nuestras dificultades en la Iglesia actual es el avivamiento, como si este fuera la panacea para todos nuestros problemas y fracasos espirituales. Sin embargo, el concepto de avivamiento que tienen muchas personas pasa por toda una gama de reuniones semanales, hasta llegar a una manifestación muy enérgica de sentimentalismo. ¿Qué es el auténtico avivamiento? Es aquel que ha alterado el curso de la historia humana. A lo largo de la historia de la Iglesia, todo avivamiento dio como resultado una intensificación repentina de la presencia de Dios, que a su vez generaba la adoración espontánea a Él. Cualquier cosa que sea menos que esto es superficial, artificial e incluso perjudicial para la verdadera salud espiritual.

Cuando el Espíritu Santo descendió el día de Pentecostés, ¿por qué los creyentes comenzaron a hablar en otras lenguas? Fue porque justamente adoraban a Dios por primera vez. La adoración intensiva brotó de sus corazones de forma inesperada. No fue nada planeado ni perpetrado por algún «líder de alabanza». Dios estaba en medio de ellos. Siempre que el Espíritu Santo se mueve, lanza un llamamiento al pueblo de Dios para que sean adoradores del Dios Altísimo por encima de cualquier otra cosa. No importa qué otras cosas haga el avivamiento, este debe restaurar el propósito y el significado de ser adoradores.

En el mundo creado por Dios, nada carece de significado o de propósito. La ciencia intenta descubrir el sentido de las cosas y la relación de unas con otras, sus interacciones y sus efectos mutuos. Esto es la ciencia, y yo no tengo nada contra ella. No obstante, la ciencia y los científicos solo tratan las cuestiones a corto plazo y nunca tienen el propósito global de estudiar al hombre como ser creado a imagen de Dios.

Es cierto que la ciencia ha hecho grandes progresos para erradicar algunas enfermedades que en generaciones anteriores arrebataron miles de vidas. Por este motivo, inclinamos con respeto la cabeza y le manifestamos nuestra gratitud más sincera.

Admito que la ciencia, sobre todo la médica, ha introducido grandes mejoras en nuestra calidad de vida. Pero incluso esta faceta tiene sus limitaciones. La ciencia puede librar a un niño de la difteria; salvar a un adolescente de la viruela; evitar que un hombre de veinte años contraiga polio; impedir que un hombre de cincuenta padezca un ataque al corazón y preservar su buena salud hasta los noventa años. Pero la pregunta que planteo es: si ese hombre aún no sabe por qué está aquí, ¿de qué le sirve?

Si no sabe por qué está en este mundo ni cuál es su propósito, lo único que hace la medicina es perpetuar una vida carente de dirección o de significado. Si una persona vive solo porque es una alternativa mejor que morir, ¿de qué sirve?

Alguien dijo sobre Cristóbal Colón: «Colón zarpó sin saber adónde iba; y cuando llegó no sabía dónde estaba; y cuando regresó ignoraba dónde había estado, y encima lo hizo todo con el dinero de otros».

Esto es lo que pasa hoy con la religión. Las personas no saben dónde están ni dónde han estado; no saben por qué están aquí ni tampoco adónde van; y lo hacen todo con el tiempo de otro, con dinero y pensamientos prestados, hasta que mueren. Es posible que la ciencia pueda ayudarle a usted, pero en este caso es impotente. La ciencia puede mantenerlo con vida para que tenga más tiempo para pensar en todo esto, pero nunca le ofrecerá la respuesta a cuál es el propósito de su vida.

Cuando yo tenía diecisiete años, me relacioné con un grupo determinado de personas. No eran personas con estudios y mucho menos científicos. Eran cristianos sencillos, santos y místicos, y los Hermanos de la Vida Común. Eran pueblo de Dios, y tenían una visión del mundo más sencilla y hermosa que cualquier científico. No sabían mucho, desde luego no tanto como un científico, pero sí sabían por qué estaban en el mundo y adónde iban. Celebraban el propósito de su vida adorando a Dios de una forma entusiasta y sin reparos.

Supongamos que yo visitara una universidad y me reuniera con un famoso doctor en filosofía. Yo no sabría ni la mitad de las cosas que él. Sin embargo, si me encontrase con él en el centro de una ciudad, mientras ambos paseamos, y él no supiera dónde está, sobre ese tema yo sabría más que él.

Es posible que él me parase para preguntarme, de una forma muy culta:

—¿Dónde estoy?

Yo podría decirle:

—Entre Hamilton y Vineland.

—Gracias —respondería él. Yo sonreiría para mis adentros y pensaría: *No he estudiado en Alemania ni tengo todos los títulos de este señor, pero sé más que él sobre una cosa. Sé dónde estoy, y él no.*

Leí la obra de Albert Einstein sobre la cuarta dimensión y jamás pude entenderla. Dejé de intentarlo, pero me gusta saber algo que Einstein no sabía. Sé por qué estoy aquí. Pertenezco a esa comunidad de cristianos sencillos que creen en un libro llamado la Biblia, que dice: «En el principio creó Dios los cielos y la tierra» (Gn. 1:1).

Dios hizo al hombre a su propia imagen y sopló en él aliento de vida, para que viviera en su presencia y lo adorase. Luego envió al hombre al mundo para que se multiplicase y llenara la tierra de hombres y mujeres que adorasen a Dios en la hermosura de su santidad. Este es nuestro propósito supremo.

Yo no camino por ahí con la cabeza gacha, con aspecto triste, porque alguien haya escrito más libros que yo, sepa más o haya recibido una educación durante más tiempo que yo. Tengo un pequeño secreto: puedo decirle por qué nací, por qué estoy aquí y cuáles serán mis obligaciones eternas mientras transcurran los siglos.

Las personas sencillas a las que tanto admiro dicen que Dios creó las flores para que el hombre pudiera disfrutar de ellas. Dios creó las aves cantoras para deleite del hombre. Sin embargo, a ningún científico lo oiremos jamás admitir algo tan sencillo. El científico tiene que encontrar algunos motivos complicados sobre qué significa todo esto. El problema es que Dios nunca es su punto de partida.

El científico objetaría, diciendo: «Dios no creó las aves para que canten. El único que canta es el macho de cada especie, y solo lo hace para atraer a una hembra con la que reproducirse. Eso no es nada más que un hecho biológico, y punto».

Yo pienso: *¿Y por qué las aves no podrían limitarse a trinar o algo parecido? ¿Por qué los pájaros tienen que cantar tan bello como el sonido de un arpa? ¿Por qué su canto es tan hermoso?* Porque el Dios que los creó es el compositor del cosmos. Él los hizo, puso un arpa en sus pequeñas gargantas, los vistió de plumas y les dijo: «Ahora, a cantar». Y, para mi deleite, las aves llevan cantando desde entonces.

Creo que Dios hizo los árboles para que diesen fruto; pero el científico se encoge de hombros y dice: «Ya están con lo mismo esos cristianos. Qué pandilla de ilusos. Los árboles no dan fruto solo para ustedes, sino para que produzcan semillas y puedan dar más fruto».

Dios hizo los frutos, los bendijo y nos dijo que nos sirviéramos. Dios también hizo los animales del campo para vestir a los seres humanos, como las ovejas que nos dan la lana, para que podamos disfrutar de un hermoso jersey que nos proporcione calor en invierno. Dios creó al humilde gusano de seda japonés, que vive en las moreras, para que tejiera su capullo y elaborase la seda.

A lo largo de la Biblia, los profetas y los apóstoles son testigos de que Dios nos creó con un propósito y, según ellos, este consiste en cantar sus alabanzas ante el público silencioso de toda la creación. Dios creó al gusano de seda para elaborar seda; al ave para que cantase; a la oveja por su lana. Todo en la creación de Dios tiene un propósito.

Contemplando al hombre al que creó, Dios dijo: «He hecho al hombre a mi semejanza, y él estará por encima de todas las demás criaturas». El propósito supremo del hombre debe estar por encima de las bestias de la tierra, las aves de los cielos y los peces del mar, incluso por encima de los ángeles celestiales. En última instancia, el hombre debe entrar en la presencia de Dios y adorarlo sin ninguna vergüenza, mirando su rostro mientras transcurren las eras. Por eso fue creado el hombre, y ese es el fin primordial de la humanidad.

Aparte de esto, no tengo idea de por qué estamos aquí. Dios le dio a usted un arpa y la puso en su propio corazón. Él lo creó para que pudiera ponerse de pie y encantar al resto del universo mientras entona alabanzas al Señor Jesucristo. Por eso fuimos creados a su imagen.

Podemos cantar junto a Isaac Watts:

Venid, nuestras voces alegres unamos
al coro celeste del trono en redor.
Sus voces se cuentan por miles de miles,
mas todas son una en su gozo y amor.
«Es digno el Cordero que ha muerto —proclaman—,
de verse exaltado en los cielos así».
«Es digno el Cordero —decimos nosotros—,
pues él por su muerte nos hace vivir».

Oración

Señor Dios, durante años hemos caminado sumidos en un estado de amnesia espiritual, sin saber quiénes somos, de dónde venimos o cuál es el propósito de nuestra vida. No sabíamos que estábamos hechos a tu imagen, con el único propósito de adorarte. Nuestra vida ha estado vacía, ha sido inútil. Pero Cristo, por medio de la obra del Espíritu Santo, nos abrió los ojos a nuestro verdadero propósito. Ahora nuestros días están llenos de alabanza. Te alabamos con todo nuestro ser, honrándote, adorándote en la belleza de tu santidad. Amén.

2

EN BUSCA DE LA IDENTIDAD PERDIDA DEL HOMBRE

Señor, digno eres de recibir la gloria y la honra y
el poder; porque tú creaste todas las cosas, y por
tu voluntad existen y fueron creadas.

APOCALIPSIS 4:11

El ministerio cristiano está basado en la hipótesis de que existen algunas personas serias que quieren saber quiénes son, qué son, por qué están aquí y adónde van. Quizá no sean muchas si las comparamos con las grandes masas de la población mundial, pero bastan para componer una hermosa congregación, prácticamente, vayan donde vayan. Si me equivoco en esto, más me vale cerrar la Biblia.

En busca de propósito

Estoy firmemente convencido de que hay algunas personas serias en este mundo, que quieren conocer la respuesta a la pregunta: «¿Cuál es el propósito de mi vida?». Lamentablemente, las masas han recibido una respuesta equivocada, que los aparta aún más del conocimiento de Dios. Esto incluye todas las religiones y las filosofías de nuestro mundo. Este ha sido un truco astuto y eficaz del enemigo del alma humana.

Muchas personas han intentado responder a esta pregunta y, en consecuencia, han descarriado a otros muchos. Vamos a analizar algunas de esas tendencias, y señalaremos lo vacías y fútiles que son en realidad; que Dios nos libre de caer en un absurdo tan grande.

La identidad basada en el trabajo

Algunos insisten en que nuestro propósito central en esta vida es trabajar. No ha habido un lugar en el mundo, desde los tiempos de Abraham y hasta la era moderna, donde el trabajo haya sido más honrado que en Norteamérica. No es que nos guste trabajar, pero sí hablar de lo honroso que es el trabajo.

¿Se ha detenido alguna vez a pensar qué es el trabajo?

Permítame que lo enuncie de la forma más sencilla. El trabajo consiste en mover cosas y recolocarlas. Tenemos una cosa allí y trabajamos para situarla aquí. Tenemos algo en un cubo y lo repartimos por una pared de la casa, y lo llamamos «pintar». Tenemos algo en una alacena, lo metemos en una cacerola y luego en la mesa, para que lo coma nuestro cónyuge, y a eso lo llamamos «cocinar».

Puede sonreír al leer esta simplificación, pero descubrirá que esta definición del trabajo es muy buena y sólida. El trabajo consiste en tomar una cosa que está en un lugar y colocarla en otro. Para un observador de la humanidad, lo evidente del trabajo es el hecho de que tiene un foco a corto plazo; nunca tiene un propósito a largo plazo.

El granjero tiene grano en su cobertizo, lo siembra en el campo y lo cubre con tierra. Después de que la naturaleza haya trabajado en la semilla tres o cuatro meses, el granjero la saca y vuelve a guardarla en el lugar de donde la sacó, en el que hay más de ella. Al año siguiente el grano ha desaparecido: se lo comió el ganado. Por consiguiente, el trabajo siempre tiene un propósito a corto plazo.

Pero ¿cuál es el resultado de todo esto? ¿Por qué lo hacemos? ¿Por qué meter esa pintura verde, roja o blanca en ese cubo y usarla en casa? Usted me dirá: «Para que el clima no afecte a la casa, para que esté en buen estado y tenga un aspecto agradable».

Eso está muy bien, pero aún no se ha construido una casa que no se haya podrido, desvencijado y, al final, haya sido sustituida por algo más nuevo. Nadie puede convencerme de que he sido creado para trabajar como un mero caballo de granja, que carece de todo futuro o de otra razón que no sea trabajar. Un hombre puede trabajar toda una vida, identificarse con su trabajo y luego jubilarse. Poco después de la jubilación, se muere porque su vida ya no tiene propósito. El resultado final del trabajo es la futilidad más absoluta.

La identidad basada en la educación

Alguien más insistirá en que estamos aquí para cumplir un propósito más elevado que trabajar. Nuestro propósito es el de educarnos, desarrollarnos y perfeccionar nuestra naturaleza intelectual. El proceso de cultivar la mente humana es muy extenso.

Una persona joven pasará por la escuela, donde le enseñarán todas las cosas importantes de la vida. Luego quizá siga estudiando en la universidad Ciencia, Arte, Literatura e Historia. Si es ambicioso, realizará un trabajo de postgrado y obtendrá un título.

En este escenario, solo detecto un pequeño problema. Ese joven, educado y culto acabará muriendo y llevándose consigo a la tumba toda esa educación. Toda esa cultura, ese amor por Bach, Brahms y todo lo demás, irá a parar a la tumba con él.

Todo lo que hagamos por una persona acabará con ella en la tumba cuando muera. Si aquel joven obtiene cuarenta títulos, podrán colgarlos de su lápida, pero no se enterará: estará muerto. La educación por sí sola no es el motivo por el que nacimos. Nuestro propósito no es perfeccionar nuestra naturaleza intelectual, la educación o el desarrollo de nuestra mente. No estoy en contra de la educación, porque la alternativa es la simple ignorancia. Sin embargo, no responde al propósito eterno de por qué estoy aquí.

La identidad basada en el placer

Otros tienen un punto de vista más sencillo: nos dicen que estamos aquí simplemente para disfrutar. Epicuro, el padre del epicureísmo, enseñó que el fin primordial del hombre es el placer. Lamentablemente, se labró una reputación espantosa, pero su idea no era tan mala como puede parecer. Epicuro no enseñó que nuestro propósito era irnos de juerga tres semanas seguidas, fumar opio o satisfacer todos los placeres físicos y carnales conocidos por la humanidad. Nos enseñó algo bastante opuesto.

Epicuro nos enseñó que el placer es el fin de todas las cosas: los placeres de la amistad y la belleza de la literatura, la poesía, la música y el arte. «Los placeres nobles de una buena conciencia —escribió— es aquello para lo que nacimos, con miras a disfrutar de la vida».

Aunque tenía buenas intenciones e intentó transitar por el

camino más elevado, lo entendió todo mal. Los goces y los placeres acaban pasando.

Un anciano que solía sentarse embelesado a escuchar la música de los clásicos ahora está sentado, cabeceando, en un rincón y no sabe distinguir entre Brahms y Frank Sinatra, porque le falla la mente y, con ella, su capacidad para disfrutar de los placeres. ¿Qué hace un hombre cuando la vida ya no le ofrece placeres? Algunos han reaccionado ante este vacío con el suicidio, un final trágico para una vida que nunca encontró el verdadero propósito de la existencia.

La identidad basada en las emociones

Los más jóvenes y llenos de energía entre nosotros tienen la idea de que lo único que importa es experimentar emociones. El destino último de la vida es vivir emociones. Es una filosofía que practica y defiende un gran número de personas que no son cristianas. Es la filosofía que dice que el sexo, la comida, los deportes, las emociones fuertes y la acumulación de bienes son el fin absoluto del hombre y nuestro propósito en la vida. Nuestro propósito en esta vida es hacer cualquier cosa que nos emocione.

A aquellos que dedican su tiempo y propósito a buscar las emociones de la vida verán que les pasa una de dos cosas. O bien se agotan físicamente o lo hacen mentalmente, hasta que pierden toda capacidad de experimentar más emociones.

Nada es más patético que un viejo granuja a quien ya no le quedan emociones por vivir. Es un hombre anciano, aburrido, cansado, derrotado, quemado, que se ha pasado la vida buscando las emociones físicas dondequiera que pudiera hallarlas, a cualquier precio, y ahora es viejo, está cansado y desmotivado.

Ya no hay nada que lo emocione. Intentar comunicarse con él es como clavar un punzón para el hielo en una pata de palo. No hay respuesta, no hay reacción, no queda vida ni sentimientos.

Si para eso fue creada la vida, pienso que Dios cometió un tremendo error cuando formó este mundo. Si eso es todo, me cubriré el rostro con las manos y clamaré al Dios todopoderoso, y me lamentaré diciendo: «¿Por qué me has hecho así?».

La identidad restaurada

Pero la estupenda noticia es que este no es el motivo o el propósito de nuestras vidas. Yo les traigo las propias Escrituras; no una filosofía humana, sino lo que Dios dice sobre el propósito en la vida. Las Escrituras enseñan una serie de cosas sobre el propósito de nuestras vidas. Nos enseñan que Dios creó todas las cosas por su propia voluntad. «Señor, digno eres de recibir la gloria y la honra y el poder; porque tú creaste todas las cosas, y por tu voluntad existen y fueron creadas» (Ap. 4:11).

Cuando Dios decidió crear a la humanidad, fue un día señalado en el cielo, acompañado de una gran celebración, «cuando alababan todas las estrellas del alba, y se regocijaban todos los hijos de Dios» (Job 38:7). Allí estaban las huestes celestiales, en plena celebración, cuando Dios decidió crear los cielos y la tierra y, en concreto, al hombre para que lo adorase.

Esto es lo que se enseña en toda la Biblia: Dios creó al hombre para que lo adorara. El hombre es el niño mimado del universo, el centro del afecto divino; sin embargo, muchos incrédulos negaron esto.

En cierta ocasión, un hombre muy inteligente, cuando le preguntaron cuál pensaba que era el error más grande que comete el ser humano, comentó: «Considero que el error más grande es pensar que somos objetos de un cariño especial por parte del Dios todopoderoso, y que somos más que las otras criaturas de este mundo; que Dios siente un cariño especial por los seres humanos».

Independientemente de la opinión de ese hombre, yo fundamento toda mi vida en la creencia de que Dios creó al ser humano con un propósito especial, único y divino. Me da lo mismo lo brillante que sea ese señor, porque no puede destruir mi convicción. Sería tan inútil como lanzar guisantes cocidos a un edificio de diez plantas para destruir cualquiera de mis creencias, doctrinas o mi compromiso con esta fe.

Cuando en este mundo nace un bebé, el padre lo mira intensamente pare ver si se le parece. Puede que sea muy duro decir esto, pero todos los padres contemplan absortos aquel rostro arrugado para ver si el niño se les parece o no. Queremos que las cosas se nos asemejen y, si no lo hacen, intentamos que lo hagan a toda costa. Pintamos cuadros, escribimos música, hacemos lo que sea, porque deseamos crear. Todo lo que creamos es un reflejo de nuestra personalidad. En el mundo del arte, un Monet se distingue fácilmente de un Rembrandt. Cada cuadro refleja la personalidad del artista.

Dios hizo al hombre semejante a Él, para que lo pudiera complacer más que cualquier otra criatura. El ser humano es la única criatura en la que Dios se mira para verse reflejado, porque fue creado a su imagen. El hombre es el reflejo de la gloria de Dios, que era su propósito e intención originarios. La función suprema del hombre por toda la eternidad es la de reflejar la elevada gloria de Dios, para que Él pueda mirar en ese espejo llamado humanidad y ver reflejada su propia gloria. Por medio del hombre, Dios pudo reflejar su gloria a toda la creación.

Usted es el espejo del Todopoderoso, y este es el motivo por el que fue creado. Este es su propósito. No ha sido creado para simplemente tomar una cosa que esté en un lugar y trasladarla a otro, es decir, *trabajar*. No fue creado para desarrollar su cerebro de tal modo que pueda hablar de una manera culta —la *educación*—. Tampoco estamos aquí para disfrutar todo lo que podamos, incluso de los *placeres* puros de la vida. Y no estamos para experimentar las *emociones* fuertes que se nos ofrezcan.

Todos los santos profetas y los apóstoles enseñan que el hombre cayó de su primer estado y destruyó la gloria de Dios, rompiendo así el espejo. Dios ya no podía mirar al hombre pecador y ver reflejada su gloria. El hombre incumplió el propósito de su creación, que era adorar a su Creador en la hermosura de la santidad. Olvidó esto, renunció a esa capacidad por el pecado y hoy está preocupado por encontrar otras cosas que llenen ese vacío. Es terrible ver a qué cosas acuden las personas cuando pierden a Dios. Si Él no brilla en sus ojos, los llenan de cualquier otra cosa; y si no disfrutan adorando al gran Dios todopoderoso que los creó, encuentran algún otro objeto de su adoración.

Si una persona no tiene a Dios, debe tener alguna otra cosa. Quizá sean los barcos o el dinero convertido en un ídolo; puede ser ir a fiestas o, simplemente, pasarlo todo lo bien que puedan. Han perdido a Dios y no saben qué hacer, de modo que buscan alguna actividad; por eso se han inventado todos los placeres de la vida.

Dios creó al hombre para que reflejara su gloria; pero, lamentablemente, el hombre no lo hace. Las flores siguen siendo tan hermosas como Dios quiso que fueran. El sol luce con fuerza allá en lo alto, en el firmamento espacioso. Caen las sombras por la tarde, y la luna retoma su hermosura y nos cuenta que la mano que lo creó todo es divina. Las abejas siguen recolectando el néctar de flor en flor, y las aves entonan mil canciones, y los serafines siguen cantando «Santo, santo, santo» ante el trono de Dios. Sin embargo, el hombre, de entre todas las criaturas, continúa amargado en su cueva. El ser humano, hecho más como Dios que cualquier otra criatura, ha dejado de parecerse a Él más que cualquier otro ser creado.

El hombre, formado para ser espejo que reflejase la deidad, ahora sólo refleja su propio pecado. Arisco, encerrado en su cueva mientras las estrellas relatan calladas su historia, el hombre guarda silencio ante el universo, si exceptuamos sus malas palabras, fanfarronadas, amenazas, maldiciones y todas esas risas y canciones nerviosas y mal concebidas carentes de alegría.

Ahora, cambiemos la imagen de un espejo a un arpa. Dios puso en el hombre un arpa más grande que cualquier otra cosa, y pretendía que esa arpa estuviera afinada para Él. Sin embargo, cuando el hombre pecó y padeció ese episodio trágico y terrible al que llamamos la Caída, el hombre arrojó al fango esa arpa; ahora está sucia de sedimentos y de arena, y sus cuerdas se han roto.

El desastre más tremendo que haya conocido el mundo fue que el alma humana, más semejante a Dios que cualquier otra cosa y más acorde con la música divina que cualquier otra de las criaturas, vio cómo se apagaba la luz de su mente y el amor de su corazón, y ahora camina a trompicones por un mundo oscuro en busca de una tumba. Desde el punto de vista de Dios, el hombre necesitaba la redención. ¿Cuál es el propósito de ese acto? La redención nos devuelve de nuevo a Dios; pone nuevas cuerdas al arpa; la purga, la limpia y la renueva mediante la gracia del Padre y la sangre del Cordero.

Tengo para usted una noticia maravillosa. Dios, que nos hizo así, no renunció a nosotros. No dijo a los ángeles: «Borren sus nombres y apártenlos de mi memoria». En cambio, dijo: «Aún deseo que ese espejo brille, aquel en el que puedo mirarme para contemplar mi gloria. Quiero seguir admirándome en mi pueblo; quiero tener un pueblo que me disfrute y me ame para siempre». Movido por esta pasión insaciable, Dios envió a su único Hijo, que se encarnó en forma de hombre; quien cuando caminó por este mundo, era la gloria de Dios reflejada. Por fin Dios tenía a su hombre.

El Nuevo Testamento dice: «el cual, siendo el resplandor de su gloria, y la imagen misma de su sustancia...» (He. 1:3). Cuando Dios contempló al hijo de María, se vio reflejado en Él. Jesús dijo: «Creedme que yo soy en el Padre, y el Padre en mí; de otra manera, creedme por las mismas obras» (Jn. 14:11).

¿Qué quería decir Jesús con las palabras: «Quien me ha visto a mí, ha visto al Padre»? «Te he glorificado en la tierra —dijo Jesús—. He acabado la obra que me diste que hiciera». Y en ella Dios se glorificó en su Hijo, ese Hijo que fue a la muerte; y toda aquella gloria fue desfigurada más que la de cualquier hombre, y su rostro más que el de toda persona. Le tiraron de la barba, golpearon su rostro, le arrancaron los cabellos y le hicieron chichones en la frente. Luego lo clavaron en la cruz, donde durante seis horas sudó, se retorció y gimió, hasta que al final entregó el espíritu. Las campanas sonaron en los cielos, porque el hombre había sido redimido. Al tercer día, Jesús resucitó de entre los muertos, y ahora está sentado a la diestra de Dios; y Dios se ocupa en la redención de las personas para que vuelvan a Él y recuperen su propósito originario: ser espejos que reflejan su gloria.

Tengo la esperanza de explicar qué es la adoración y señalar lo trágicamente pobre que es entre las iglesias. Espero definir la adoración y explicar cómo podemos recuperarla para nuestra generación y para las venideras.

La adoración es el motivo pleno de la existencia del hombre. La adoración es la razón por la que nacemos y por la que nacemos de nuevo. La adoración es el motivo de nuestra primera y de nuestra segunda génesis, a la que llamamos regeneración. La adoración es el porqué de la Iglesia, la asamblea de los redimidos. Toda iglesia cristiana, en todos los países del mundo, en toda generación, existe para adorar a Dios en primer lugar, no en segundo; no para abordar la adoración al final del culto, como algo secundario, sino para adorar a Dios primariamente, de modo que todo lo demás venga después. Nuestro llamado primordial es a adorar a Dios.

John Keats escribió acerca de un ruiseñor sin lengua («La víspera de santa Inés»): «Igual que un ruiseñor sin lengua esforzaría en vano su garganta, y moriría, con el corazón ahogado, en su nido». A menudo he pensado que esta gran metáfora era muy hermosa. El ruiseñor sin lengua muere ahogado porque tiene muchos trinos que no puede liberar. A nosotros nos pasa lo contrario. Tenemos una lengua grande, pero la usamos poco. Disponemos de un arpa que no tiene igual en el universo de Dios, pero la tañemos con poca frecuencia y mal.

Cuando el santo Hermano Lawrence agonizaba, alguien le preguntó qué estaba haciendo. Sin dudarlo, el Hermano Lawrence dijo, sencillamente:

—Estoy haciendo lo mismo que he hecho durante los últimos cuarenta años, y lo que espero hacer toda la eternidad.

—¿Y qué es? —preguntó su interlocutor.

—Adorar a Dios.

Por lo que respectaba al Hermano Lawrence, la muerte era secundaria, una mera cita en su agenda. Su ocupación consistía en adorar a Dios antes y por encima de todo lo demás. Llevaba cuarenta años adorando a Dios, y el hecho de enfrentarse a la muerte no alteraba eso. Cuando sentía que le invadía la depresión, seguía adorando a Dios. Al final murió, y su cuerpo fue enterrado en algún lugar, pero el Hermano Lawrence sigue adorando al Señor en aquel sitio tan codiciado al que llamamos «la presencia de Dios».

Usted seguirá adorando a Dios mucho después de que todo lo demás haya dejado de existir. Es una lástima si no aprende a adorarlo ahora, para evitar aprender apresuradamente para último examen. Por mi parte, quiero adorar a Dios en mi vida privada tan plena y satisfactoriamente hasta el final, que no tenga que estudiar en el último momento para ese examen. Me invade tal paz que podré dejar de respirar y decir: «Lo adoro; sigo adorándolo, y espero adorarlo por toda la eternidad».

Para esto se encuentra usted aquí, para glorificar a Dios y disfrutar de Él plenamente y para siempre, diciéndole al universo lo grande que es el Creador.

La vía de la perfección
Frederick William Faber (1814-1863)

¡Cómo al pensar en Dios la mente vuela
y el corazón se aleja de esta tierra,
hastiado ya de goces transitorios
y de tanta alegría pasajera!

No basta con salvar el alma,
para escapar del fuego que es eterno;
pensar en Dios el corazón eleva
al más sublime anhelo.

Dios es del hombre la única morada,
aunque arduo y derecho es el camino;
y nada menos que ella satisface
al amor que anhela a Dios, que es su destino.

Oración

¡Oh tú, Señor del universo! El Dios que creó todas las cosas que existen, que las creó para su placer: te reconozco humildemente como mi Creador. Devuélveme el gozo de tu salvación. Restaura el arpa que llevo dentro y que se rompió. Vuelve a ponerle cuerdas, para que pueda cantar tus alabanzas en el universo y ante todos los ángeles que pueblan tus cielos. En el nombre de Jesús, amén.

3

EL DESCUBRIMIENTO DE LA ESENCIA DEL SER HUMANO

Y deseará el rey tu hermosura; e inclínate a él, porque él es tu señor.

SALMO 45:11

Para el estudiante diligente, la Biblia es un libro extraordinario por su coherencia. El énfasis y la sustancia de la Biblia son inquebrantables en su enseñanza: Dios creó al hombre para que lo adorase. Ese Dios, que no necesita nada y que está completo en sí mismo, desea tener adoradores a pesar de todo. Dios, en su naturaleza no creada, es autosuficiente y no carece de nada, pero sin embargo busca que el hombre creado a su imagen lo adore. Esto representa un oxímoron espiritual. El Creador necesita a la criatura.

Sobre esta verdad debemos edificar: Dios hizo todas las cosas con un propósito. Su propósito supremo al crear al hombre fue el de tener a alguien capaz de adorarlo y satisfacer su corazón de una forma correcta y suficiente. El hombre cayó a consecuencia del pecado y ahora es incapaz de llevar a cabo ese propósito señalado cuando fue creado. Es como una nube sin lluvia: no da agua. Es como un sol que no da calor, como una estrella que no da luz o como un árbol que ya no da fruto; es como un pájaro que no canta, como un arpa silenciosa que ya no ofrece su música.

Este es el anhelo en el corazón de Dios, un abismo que llama a otro abismo. La Biblia insiste en que cuando venga nuestro Señor, será admirado; será glorificado en los santos y admirado en todos los creyentes. Vemos que habrá glorificación y admiración, y el Señor vendrá para recibir eso. «Cuando venga en aquel día para ser glorificado en sus santos y ser admirado en todos los que creyeron (por cuanto nuestro testimonio ha sido creído entre vosotros)» (2 Ts. 1:10).

Al diablo le gustaría decirle a nuestras mentes incrédulas que Dios no desea en especial esa adoración que le debemos. Satanás quiere que creamos que al Señor no le interesa nuestra adoración. Pero la verdad es lo contrario. Dios quiere que el hombre lo adore, y solo el hombre redimido puede adorarlo de manera aceptable. No somos hijos no deseados; Dios desea ardientemente nuestra comunión.

¿Por qué si no, cuando Adán pecó y rompió su comunión con Dios, Él vino en medio del frescor del día y, cuando no lo encontró, lo llamó: «Adán, ¿dónde estás?»? Era Dios que buscaba comunión con Adán, quien había pecado y, por su rebelión, la había roto. El arpa en el interior de Adán había roto sus cuerdas, y su voz se le atascó en la garganta.

Dios nos ha ordenado que lo adoremos; y si se da usted cuenta, en el Salmo 45:11 dice: «Y deseará el rey tu hermosura; e inclínate a él, porque él es tu señor». Dios encuentra en nosotros algo que puso en nuestro ser para complacerlo. Esa «hermosura» pertenece a Dios.

Esto es bastante opuesto a lo que suele oírse en los púlpitos de las iglesias evangélicas. No solo Dios quiere que el hombre lo adore, sino que este, aun en su estado caído, tiene dentro de él algo que intenta responderle a Dios, aunque no lo logra.

Por lo general, se nos dice que los hombres no quieren adorar a Dios. Sin embargo, no hay una sola tribu en este mundo que no practique cierta forma de religión y de adoración. El apóstol Pablo hablaba de que todo el mundo extendería las manos por si, acaso, pudieran palpar a Dios. Por lo tanto, los hombres anhelan adorar a Dios.

El escritor de himnos Isaac Watts (1674-1748) expresó esto para nosotros con un lenguaje maravilloso:

Al trono majestuoso

Al trono majestuoso
del Dios de potestad,
humildes vuestra frente,
naciones inclinad.
Él es el ser supremo,
de todo es el Señor,
y nada al fin resiste
a Dios, el Hacedor.

Del polvo de la tierra
su mano nos formó,
y nos donó la vida
su aliento creador;
después, al vernos ciegos,
caídos en error,
cual padre al hijo amado
salud nos proveyó.

La gratitud sincera
nos dictará el cantar,

y en tiernos dulces sones
al cielo subirá;
con los celestes himnos
cantados a Jehová
la armónica alabanza
doquier resonará.

Señor, a tu Palabra
sujeto el mundo está,
y del mortal perecen
la astucia y la maldad;
después de haber cesado
los siglos de correr,
tu amor, verdad y gloria
han de permanecer.

Cuando una persona cae de rodillas y extiende sus manos hacia lo alto, hace lo más natural del mundo. Algo en lo profundo de su ser le incita a buscar a alguien o algo fuera de sí que pueda adorar y alabar. En su estado irredento, el hombre ha perdido el camino y no puede definir claramente el objeto de su adoración deliberada, por eso su búsqueda lo aleja de Dios. Cuando no encuentra a Dios, el hombre llena el vacío de su corazón con cualquier cosa que encuentre. Aquello que no es Dios nunca podrá saciar aquel corazón creado exclusivamente para la presencia divina.

Existe otra faceta de la fe que debemos tomar en consideración. Supone creer que Dios no nos ama tanto como dice que lo hace. No creemos ser tan preciosos para Él o que nos desee tanto, como dice hacerlo. El enemigo del alma humana nos ha vendido semejante mentira, no solo para derribarnos, sino también para mantenernos alejados de la comunión amante de la presencia divina. A él no le importamos nada, pero su odio a Dios le impulsa a hacer todo lo que esté en su mano para negar al Todopoderoso aquello que le pertenece por derecho. Si de repente todo el mundo recibiera un bautismo en la creencia pura y alegre de que Dios quiere que nosotros lo adoremos, admiremos y alabemos, podría convertirnos de la noche a la mañana en el pueblo más radiante y feliz del mundo. Entonces descubriríamos por fin nuestro propósito: Dios se complace en nosotros y anhela nuestra comunión.

Si la humanidad no hubiera caído, la adoración seguiría siendo lo más natural del mundo, porque Dios diseñó al hombre específicamente para que lo adorase. Él creó al hombre como su instrumento musical especial, para que le ofreciera una alabanza dulce y natural. Sin embargo, cuando el hombre se rebeló y se apartó de este propósito, cuando el pecado entró en su vida, lo que se ha vuelto natural es el pecado. La naturaleza del hombre está caída, pero esta no era la intención original de Dios para nosotros. Si todo el mundo tuviera cáncer, podríamos decir que el cáncer es natural y aceptarlo como tal. No obstante, no es natural, porque cuando Dios hizo el cuerpo humano, no tenía en mente unas células anómalas que formarían un cáncer para destruir a las personas.

Cuando Dios hizo el alma humana a su propia imagen, su meta era que actuásemos de acuerdo con aquella naturaleza divina. Nunca pretendió que el virus del pecado infectase ese lugar sagrado dentro del hombre. Por consiguiente, el pecado es lo antinatural. Es una sustancia foránea que contamina el corazón y la vida de los hombres, repeliendo así la mirada de Dios. Debido a esta condición de la humanidad, el pecado es natural, y la alabanza antinatural, por eso son muy pocos quienes realmente la practican.

En consecuencia, es importante comprender que nadie puede trazar su propio patrón de adoración o adorar a Dios como le apetezca. Aquí el placer pertenece solo a Él. Aquel que nos creó para adorarlo, también ha decretado cómo debemos hacerlo. No podemos adorar a Dios como queramos; nuestra adoración debe adaptarse siempre a la voluntad divina. Dios no acepta cualquier tipo de adoración. La acepta solamente cuando es pura, cuando fluye de un corazón sometido a la influencia del Espíritu Santo. Solo puede aceptar este tipo de adoración, compatible con su naturaleza sagrada.

Este engaño destruye la vida de multitud de personas en cada generación. Una trampa favorita del diablo, un recurso favorito de los poetas inconversos, es sugerir que podemos adorar a Dios como nos apetezca y dependiendo de nuestro capricho, y que mientras seamos sinceros todo estará bien.

La falacia contenida en esta creencia es el hecho de que la experiencia religiosa es posible aparte de Cristo y de la redención. Es totalmente plausible tener una experiencia religiosa auténtica y no ser cristiano, yendo de camino hacia un infierno eterno. Esto es algo que sucede constantemente por todo el mundo.

Puede que resulte difícil de concebir, pero es totalmente posible tener una experiencia con Dios y, sin embargo, no tener una experiencia salvadora con Él. Por lo tanto, no solo es posible tener una experiencia religiosa aparte de Cristo y aparte de la salvación, sino también lo es tener una adoración alejada de Cristo y no asociada con la salvación. Es inquietante pensar que uno puede realizar los gestos de la adoración, pero sin adorar de verdad. «Adoraban lo que no sabían», dijo Jesús de un grupo determinado de personas. Es posible tener elementos de la adoración, como la alabanza, la humillación, la entrega y, sin embargo, ser una persona no redimida.

Thomas Carlyle, en su obra *Los héroes: el culto a los héroes y lo heroico en la historia*, nos advirtió que no cometiéramos el error de pensar que las grandes religiones paganas del mundo eran todas falsas. Dijo: «No es cierto que fueran falsificaciones; eran reales, y lo terrorífico es que lo eran».

En cierta ocasión, estando en México, visité una antigua iglesia que tenía el suelo de tierra. Entré, me quité el sombrero y observé todas las estatuas y las velas. Mientras estaba allí, vi cómo entraba una anciana mejicana y caminaba directa hasta el fondo de la iglesia, como si conociera el lugar y pudiera recorrerlo con los ojos cerrados, de las muchas veces que había estado en él. Se dirigió a una estatua, creo que de la virgen, se arrodilló y alzó la mirada al rostro de aquella imagen, con un anhelo y una devoción que ojalá se hubieran dirigido al propio Señor. Tenía una experiencia de adoración, y para ella era real. No era una hipócrita, sino una adoradora genuina, pero ¡fíjese a qué estaba adorando! Su adoración no iba en la dirección correcta. Lo más triste de este episodio es que ella no lo sabía.

Los indios americanos se situaban a las orillas de un río, alzaban los brazos al cielo y decían a Manitú: «Alabanzas a ti, alabanzas a Manitú, alabanzas a él». Experimentaban una verdadera adoración cuando clamaban a su gran Manitú.

Es totalmente posible tener una experiencia religiosa sin Dios e incluso rechazando al Dios de la Biblia. Es posible tener una experiencia de adoración, pero no de acuerdo con la voluntad divina y, por tanto, inaceptable para Dios, porque Él aborrece la idolatría. La idolatría es, simplemente, la adoración dirigida a cualquier persona o cosa que no sea Dios, y constituye el grado máximo de blasfemia.

El apóstol Pablo entendía esto: «Antes digo que lo que los gentiles sacrifican, a los demonios lo sacrifican, y no a Dios; y no quiero que vosotros os hagáis partícipes con los demonios. No podéis beber la copa del Señor, y la copa de los demonios; no podéis participar de la mesa del Señor, y de la mesa de los demonios» (1 Co. 10:20-21).

Nuestro Señor dijo que llegaría un día en que las personas dirían: «...Señor, Señor, ¿no profetizamos en tu nombre, y en tu nombre echamos fuera demonios, y en tu nombre hicimos muchos milagros? Y entonces les declararé: Nunca os conocí; apartaos de mí, hacedores de maldad» (Mt. 7:22-23). Él no aceptaba su adoración. No podía aceptarla porque no estaba de acuerdo con la naturaleza santa de Dios. Él no puede aceptar ninguna adoración que no vaya destinada a Él y que no sea compatible con su santidad.

Aquel que nos creó para adorarlo, también ha decretado cómo debemos hacerlo. No podemos adorar a Dios como queramos, según nuestra voluntad o nuestro estado de ánimo. Dios no acepta cualquier tipo de adoración. Solo acepta la adoración cuando es pura y está dirigida por el Espíritu Santo. Dios ha rechazado casi toda la adoración de la humanidad en nuestro estado presente. Sin embargo, quiere que lo adoremos, nos lo ordena y nos lo pide. Obviamente, cuando Adán no lo adoró, se sintió angustiado y dolido. A pesar de todo, Dios condena y rechaza casi toda la adoración de la humanidad.

Un adorador debe someterse a la verdad de Dios, o no podrá adorarlo. Podrá escribir poemas y tener pensamientos elevados cuando vea un amanecer, pero no podrá adorar a Dios, excepto si tiene fe y según la verdad revelada por Él. Adorar a Dios como Él puede aceptarlo significa someterse a la verdad acerca de su Persona, admitiendo quién dice Dios que es, y admitiendo que Cristo es quien afirma ser.

Además, debe admitir la verdad sobre sí mismo: es un pecador malvado, como Dios le dice. Esta es la última barrera para el arrepentimiento. El hombre, en su condición perdida, rehúsa admitir su pecaminosidad. «Dios me hizo así», argumenta y se jacta para reducir cualquier culpabilidad personal. Si no soy el responsable de mi condición, no tengo por qué introducir cambios. Dios tiene que aceptarme como soy.

Sin embargo, tiene que admitir la verdad de la expiación —la sangre de Jesucristo que nos limpia y nos libra del pecado— y acercarse a Dios. Cuando alguien finalmente acepta su estado de pecador, a menudo se siente tentado de realizar su propia expiación. Pero este es un grave error, porque no satisface el estándar divino.

Para que su adoración sea aceptable para Dios, usted debe renovarse conforme a la imagen de Aquel que lo creó. Esa «imagen» debe restaurarse. Solo la persona renovada puede adorar a Dios de una forma digna o aceptable para Él.

Si el Espíritu Santo no hace estas cosas, todo será madera, heno y hojarasca. Mi adoración jamás sobrepasará la coronilla de mi cabeza, y el Dios de los cielos la rechazará igual que rehusó la de Caín. Tengo un libro, la Biblia, que me iluminó. Esta es la «luz que alumbra a todo hombre» que la lea. Jesucristo es «la luz que alumbra a todo hombre que viene al mundo». La luz del corazón humano y la luz de este libro están en armonía; y cuando los ojos del alma miran la Palabra de Dios viva, conocemos la verdad y podemos adorar a Dios en espíritu y en verdad.

En el Antiguo Testamento, un sacerdote no podía ofrecer

un sacrificio hasta haber sido ungido con aceite, símbolo del Espíritu de Dios. Ningún hombre puede adorar desde su propio corazón. Puede buscar entre las flores, entre los nidos de las aves, entre las tumbas o donde le apetezca adorar a Dios. Esta búsqueda será inútil y lo conducirá a la frustración espiritual.

Una persona no puede adorar de corazón. Solo el Espíritu Santo puede adorar a Dios aceptablemente, y debe devolverle a Dios su propia gloria reflejada en nosotros. Si no alcanza nuestros corazones, entonces no hay reflejo ni tampoco adoración.

¡Oh, qué grande, amplia y completa es la obra de Cristo! Por eso no puedo sentir mucha simpatía por ese tipo de cristianismo que sostiene que el evangelio sirve para evitar que una persona fume o beba alcohol. ¿Eso es todo lo que hace el cristianismo, apartarme de algún mal hábito, de modo que no apueste en las carreras, le pegue a mi esposa o mienta a mi suegra? Por supuesto, la regeneración limpia tales cosas, y el nuevo nacimiento hará a un hombre una nueva creación. Esos son los efectos de una naturaleza redimida por la sangre de Cristo.

El propósito primario de Dios en la redención es restaurarnos al imperativo divino de la adoración, de manera que podamos oír de nuevo al Señor Dios: «Y deseará el rey tu hermosura; e inclínate a él, porque él es tu señor» (Sal. 45:11). La Iglesia Militante conquistó al mundo con su religión gozosa porque, y solo porque, eran adoradores. Cuando la Iglesia cristiana en cualquier generación deja de ser una compañía de adoradores, su religión sucumbe a los meros efectos externos, a las obras vacías y a los rituales sin sentido.

Cuando usted empieza a hablar del Cordero que fue inmolado, de la sangre que fue derramada y de Dios Padre, Dios Hijo y Dios Espíritu Santo, entonces usted vive y adora en verdad.

Cuando el Espíritu de Dios es quien gobierna, adoramos en espíritu y en verdad; y esa adoración sobrepasa a los meros rituales externos.

Dios lo creó para que lo adore. Cuando el fundamentalismo perdió su poder ante la adoración, inventó las majaderías religiosas para animarse. Por eso lo he odiado, he predicado contra él y lo he condenado todos estos años. Afirmando servir al Señor, la única alegría que tienen tales personas es el gozo de la carne. Elvis Presley fue un hombre más feliz después de abandonar su música sensual de lo que lo son muchos cristianos después de haberse sumido media hora en un frenesí espiritual inducido por ellos mismos.

Para los redimidos, la fuente del Espíritu Santo es un pozo artesiano efervescente, del cual no es necesario bombear para obtener agua. Las aguas plateadas del Espíritu Santo, que inundan y fluyen del corazón redimido y renovado de una persona que adora, son tan dulces y hermosas para Dios como el más precioso de los diamantes. Tenemos que aprender cómo adorar para complacer al Dios que lo merece.

«Y deseará el rey tu hermosura; e inclínate a él, porque él es tu señor».

Oración

Dios, Padre nuestro, te buscamos para acercarnos a tu Persona.
Nos volvemos al Espíritu Santo, nuestro guía y maestro. Que nuestros
corazones se sometan a su obra, y que Él nos inunde con un gozo
inefable y lleno de gloria, hasta el punto que nos remontemos por
encima del ruido de este mundo y lleguemos a la Luz inmarcesible.

4

Las diversas
rutas hacia la
adoración

Se enardeció mi corazón dentro de mí;
en mi meditación se encendió fuego,
y así proferí con mi lengua.
Salmo 39:3

En lo más profundo de todo ser humano, existe el impulso a adorar, y es lo más natural del mundo. Sin embargo, no todos los caminos conducen a la adoración que Dios acepta y en la que se complace. Hay algunos tipos de adoración que repugnan a Dios y que Él no puede aceptar, aunque vaya dirigida a Él y tenga el propósito de serle grata. El Dios que desea la adoración insiste en que esta siga sus normas, y no permite excepciones.

En toda generación y cultura, ha habido, principalmente, cuatro caminos que han seguido los hombres y las mujeres en su búsqueda de la adoración. Permítame que se los recuerde. Estas cuatro categorías son ciertas en toda generación y cultura, y han resistido el paso del tiempo.

La ruta de la excelencia humana

Este camino hacia la adoración se acerca mucho a los requisitos de Dios, pero sin alcanzarlos. Esta adoración es hermosa en muchos sentidos y representa el esfuerzo máximo de la humanidad. Consiste en dar a Dios aquello que más nos agrada, sin tener en cuenta su mandamiento.

El Antiguo Testamento nos ofrece una ilustración hermosa de esto en la vida de Caín. Abel ofreció a Dios un sacrificio cruento, mientras que Caín ofreció uno sin sangre. Abel trajo a Dios un sacrificio que agradaba al Creador, mientras que Caín le llevó lo que a él le gustaba, sin tener en cuenta a Dios. El Señor condenó y rechazó la adoración de Caín porque carecía de poder expiatorio.

Caín fue a adorar sin un sacrificio cruento, es decir, no hubo expiación; se acercó a Dios con una ofrenda que él había elegido. Reunió un gran ramo de flores y algunos frutos deliciosos y se los llevó. Cuando el Señor le preguntó por la sangre, Caín dijo: «¿Qué sangre?». No entendía que no podía acercarse a Dios sin un sacrificio cruento. Por eso objetó: «Me da lo mismo el pecado; llevaré una ofrenda, y ya está». Se presentó ante Dios con un sacrificio incruento, ofreciéndole flores y frutos, lo nacido de la tierra.

Esta vía de excelencia humana no es aceptable para Dios, por varios motivos. Su premisa básica es que Dios es innecesario, y que por medio del esfuerzo y de la devoción humanos, podemos alcanzar el estándar que Él quiere para nosotros. Este tipo de adoración se fundamenta en una hipótesis errónea sobre la naturaleza del Señor. Caín fue hijo de Adán y Eva, padres caídos, y nunca había escuchado la voz de Dios en el huerto del Edén. Cuando Caín se puso a adorar a Dios, llegó a una divinidad fruto de su imaginación y pensó que, en su condición actual, era aceptable a Dios.

Abel, por otro lado, trajo un cordero, y Dios lo aceptó. Cuando Dios rechazó la adoración de Caín, este se enfureció y se marchó poseído de una rabia fruto de los celos. Así cometió el primer asesinato. Caín no comprendía la diferencia que hizo Dios entre las dos ofrendas. Dio por hecho que agradaría a Dios, sin tener en cuenta en absoluto la naturaleza del Creador.

Este tipo de adoración nos rodea incluso hoy, incluso dentro de los confines de lo que llamamos la Iglesia cristiana. Un hombre puede recibir una buena educación e incluso licenciarse de un seminario, aprender a utilizar los gestos de sus manos, a parecer instruido cada vez que abra la boca. Puede ser un predicador consumado, que disponga de toda la cultura que puede ofrecer el mundo religioso. Pero si sigue el camino de la excelencia humana para llegar a la adoración, por hermoso que este sea, no será aceptable a los ojos de Dios.

La adoración aceptable a Dios se basa en conocer la naturaleza del Señor. Caín no sabía qué tipo de Dios era y, por consiguiente, pensó que el pecado no era importante para Él. Esto supuso un grave malentendido de la naturaleza divina.

Este camino hacia la adoración presupone una relación con Dios que no existe. Caín pensaba que pertenecía a Dios y que podía hablar con Él sin necesidad de un intermediario. No logró entender que estaba alienado de Dios debido a su pecado. Por lo tanto, nunca gestionó aquel elemento de pecado que lo separaba de Dios. Actuó como si no existiera aquella separación e ignoró sus implicaciones.

Muchas personas religiosas presuponen equivocadamente una relación con Dios que no existe. Piensan y enseñan que todos somos hijos de Dios, y hablan del Dios y Padre de toda la humanidad. Sin embargo, la Biblia no enseña que Dios sea el Padre de la humanidad; de hecho, enseña justo lo contrario. Dar por sentada una relación que no existe impide que una persona conozca de verdad a Dios.

Otra característica del camino de la excelencia humana se encuentra en el área del pecado. Por ejemplo, Caín consideraba que el pecado era menos grave de lo que Dios pensaba. El pecado se ignora como un factor sin importancia para nuestra adoración a Dios. Sin embargo, el pecado es grave, y Dios nunca lo tolera ni mira a ningún corazón que lo albergue. Odia el pecado porque este ha llenado el mundo de dolor y de tristeza, pero, aún más importante, porque ha arrebatado al hombre su propósito en la vida, que es adorar a Dios.

Caín representa la excelencia de los logros humanos en el campo de la adoración. Pensaba que Dios era distinto a como es realmente. Pensaba que él mismo era un tipo distinto de hombre al que era, y que el pecado era menos letal y grave de lo que Dios decía. Por lo tanto, vino alegremente, trayendo lo mejor que tenía y ofreció a Dios una adoración sin expiación.

Mientras Dios dice: «Él es tu Señor, adóralo», y mientras llama: «¿Dónde estás tú?» y nos ordena que lo adoremos «en espíritu y en verdad», rechaza directa y severamente la adoración que no se fundamente en la sangre redentora.

Aparte de la expiación cruenta en la cruz, no hay ninguna iglesia que me resulte atractiva. Sin la redención mediante la sangre de Cristo, no hay salvación. Ese camino hacia la adoración, por amable y tierno que sea, por mucho que esté adornado con hermosas flores procedentes de todos los rincones del mundo, sigue siendo falso, y Dios no lo aprueba por ser fruto de una falsedad. Dios rechaza de plano el camino de la adoración basado en la excelencia humana.

La vía de las tinieblas paganas

Si Caín representa el hombre en su mejor faceta, la adoración pagana es su peor versión. Rechazando por entero cualquier dignidad, el hombre se somete a los elementos más bastos de su naturaleza, adorando a la creación antes que al Creador. Exponer adecuadamente lo que piensan quienes defienden esto requeriría que yo escribiese libros suficientes para llenar una estantería de un metro y medio. Si quisiera, podría remontarme a la adoración de los primeros egipcios, el *Libro de los muertos* egipcio y los escritos de Zoroastro y de Buda. Podríamos exponer los argumentos sobre la adoración de los paganos.

Pablo habla de esto y no dice nada agradable sobre el tema. Lo condena directamente, y dice: «Pues habiendo conocido a Dios, no le glorificaron como a Dios, ni le dieron gracias, sino que se envanecieron en sus razonamientos, y su necio corazón fue entenebrecido» (Ro. 1:21).

Fueron descendiendo, de Dios al hombre, del hombre a las aves y de estas a las bestias, de ellas a los peces y de los peces a los seres que se arrastran sobre la tierra. Esa fue la espiral descendente más terrible que siguió el hombre en su adoración. Aquí lo vemos intentando con todas sus fuerzas ser lo peor que pueda y obteniendo un éxito que supera sus expectativas. Dios rechaza y desprecia por completo este tipo de adoración, así como a todos los que la practican.

Creo que si la Iglesia cristiana aún no ha cruzado esta línea, se encuentra peligrosamente cerca de caer en la adoración orientada al paganismo, tributando a la criatura lo que por derecho pertenece al Creador. Permítame explicarle qué quiero decir. En toda la historia cristiana, no ha habido nunca un momento en que la Iglesia se haya visto tan plagada de celebridades como hoy día, sobre todo en el departamento de la música.

Un sábado por la noche, un «grupo de alabanza y adoración» dará un concierto en un local del centro de la ciudad. Después de una canción, el público aplaude con fervor. Para disimular, el solista dirá: «Ofrezcamos nuestros aplausos a Dios».

Si no cree que esto sea así, haga lo siguiente. Tome la letra de la canción que tuvo tan buen recibimiento y désela a uno de los queridos santos mayores de la iglesia el domingo. Asegúrese de que sea uno de esos santos que tienen una reputación impecable de santidad y un carácter cristiano irreprochable. Por lo general, se tratará de uno de los santos guerreros de oración de la iglesia. Pida a esa persona que lleve la letra de la canción al púlpito y la lea tranquilamente a los asistentes. Si no produce la misma sensación que la noche anterior, quizá el público del sábado no aplaudía la verdad de esa letra, sino a los músicos.

El camino de la adoración que pasa por las tinieblas paganas siempre es un reflejo de la cultura que lo rodea, en lugar de serlo del Cristo interior.

La vía de la confusión herética

En este caso, se trata de una adoración herética en el sentido correcto del término. Un hereje no es una persona que niega toda la verdad; es, simplemente, un individuo muy selectivo que toma lo que le gusta mientras rechaza lo que le desagrada. Hay ciertos aspectos de la teología que le gustan, pero otros los rechaza porque no se ajustan a lo que piensa en aquel momento. Me refiero a ellos como aspectos incómodos de la teología.

En cierta ocasión, un hombre habló a un grupo grande de jóvenes cristianos y les dio este consejo: «No crean nada de la Biblia que no encaje con su propia experiencia». Aquel hombre fue muy osado al decirles a los jóvenes, que buscaban la verdad, que leyeran la Palabra de Dios y la juzgasen en función de sus pequeños y malvados corazones. ¿Cómo se puede caer más bajo que eso? Es confusión herética en su máxima expresión. La herejía supone tomar lo que me gusta y rechazar lo que no. El propio término «hereje» significa «el que elige». Pero la Biblia dice: «Y si alguno quitare de las palabras del libro de esta profecía, Dios quitará su parte del libro de la vida, y de la santa ciudad y de las cosas que están escritas en este libro» (Ap. 22:19).

Los samaritanos de los tiempos de Jesús representaban este tipo de adoración. Ellos eran herejes en el sentido correcto de la palabra, porque ser hereje no significa siempre ser falso. Un hombre puede ser hereje y no enseñar nada que sea específicamente falso. Un hereje no enseña necesariamente que no existe la Trinidad, o que Dios no creó el mundo o que no hay juicio. La herejía consiste en seleccionar y rechazar aspectos de la verdad y aplicar la psicología, el humanismo y las diversas religiones de todo tipo. Toda religión se basa en esto.

El Señor rechaza esta vía hacia la adoración debido a la naturaleza selectiva del proceso, porque elige lo que le gusta y lo que no interfiere con su estilo de vida. Si no le gusta algo, lo explica y sigue adelante como si careciese de importancia o, incluso, como si no existiera.

Los samaritanos eran herejes porque elegían ciertas partes de la Biblia, el Antiguo Testamento. Tenían un Pentateuco y lo aceptaban, pero rechazaban algunos pasajes de David, Isaías, Jeremías, Ezequiel y Daniel, 1 y 2 Reyes, Cantar de los Cantares y otras partes de las Escrituras. Creían esas partes e hicieron algunas traducciones.

Usted puede traducir lo que quiera y demostrar lo que sea. Lo único que tiene que decir una persona para ensanchar su ego es: «Sé hablar griego» o «Sé el idioma hebreo». Solo con eso, ya es experto autoproclamado en el tema. Toda religión o secta falsa se fundamenta en la selección de pasajes favoritos de las Escrituras en detrimento de otros. No comparan las Escrituras con las Escrituras, y esto permite que se infiltre la doctrina herética.

Los samaritanos tradujeron el Pentateuco de tal manera que hicieron de Samaria el lugar de adoración. Por supuesto, eran hostiles a los judíos, que insistían que Jerusalén era el único lugar donde se debía adorar a Jehová. Los samaritanos usaron su traducción del Pentateuco para afianzar su postura.

Dios concedió a Israel el monte Moriah, y allí David tomó Sion, y Salomón levantó el templo. Aquel era el punto donde el pueblo debía adorar. Fue allí donde vino Cristo y se convirtió en el Cordero del sacrificio por los pecados de la humanidad. Sin embargo, los samaritanos rechazaron Jerusalén en favor de Samaria. Lo hicieron mediante la selección de ciertos pasajes del Pentateuco que respaldaran su postura.

No creo que tenga que deletreárselo ni señalarlo con tinta roja para que usted se aperciba de cuántas herejías vivimos en nuestros tiempos. Creemos lo que queremos creer. Subrayamos lo que queremos enfatizar. Seguimos por un camino mientras rechazamos otro. Hacemos una cosa, pero nos negamos a hacer otra. Nos volvemos herejes al elegir aquello de la Palabra de Dios que nos conviene en determinado momento. Esta es la vía de la confusión herética.

La vía de la sublimidad existencial

Admito que por esta categoría siento más simpatía que por el liberalismo, enemigo del verdadero cristianismo bíblico (como lo es la adoración samaritana). Al mismo tiempo, rechazo este camino hacia la adoración, que no es más que la poesía de la religión. La religión contiene una gran dosis de poesía; es algo correcto y conviene que la tenga. Personalmente, cuando llego a este existencialismo, me derrito como la miel en un día caluroso. La poesía consiste en el disfrute elevado y la contemplación de lo sublime.

Todos somos poetas por naturaleza, y la religión saca más a flote esa poesía que cualquier otra ocupación a la que pueda dedicarse la mente. Además, en la religión hay muchas cosas muy hermosas. Usted descubrirá un disfrute muy elevado en la contemplación de lo divino y de lo sublime. La concentración de la mente en la belleza siempre nos proporciona un deleite elevado.

Algunos confunden esta sublimidad, esta sensación arrebatada, con la verdadera adoración, y es un error comprensible. Dios advirtió a Israel que, cuando llegaran a la Tierra Prometida, y alzaran la vista y contemplaran el sol y las estrellas, no debían caer de rodillas y adorarlas, porque si lo hacían, Jehová los cortaría de la tierra. El mundo está lleno de estos adoradores. Es un gran disfrute, una concentración de la mente en la belleza no circunscrita a la vista y al oído. Si su oído escucha belleza, eso es música, o si sus ojos ven la belleza, eso es arte, pero si tiene pensamientos hermosos sin música ni arte, eso es poesía. Escribimos lo que sentimos, y eso es poesía.

Hay personas que, comprensiblemente, confunden esos sentimientos arrebatadores con la adoración. Ralph Waldo Emerson escribió: «He cruzado la pradera después de la lluvia, una noche luminosa, cuando la luna ya había salido, y el prado seguía cuajado de charcos, y la luna se reflejaba en ellos, y he sentido una alegría rayana al temor». Era tan feliz que sentía miedo. Yo mismo he sentido esto. Emerson no creía en la deidad de Cristo ni en su sangre, y prefirió renunciar a su iglesia antes que tener comunión con ella. Al final rechazó su fe. Sin embargo, sintió una alegría que rozaba el temor porque era un buen hombre. Era una gran persona, un poeta y un artista. Un hombre de verdad poderoso. Pero no creo que Dios aceptase su adoración, porque esta recorría la vía de la sublimidad existencial, nada más que eso.

Resulta fácil confundir la música de la religión con la verdadera adoración, porque la música eleva la mente y arrebata el corazón. La música puede levantar nuestros sentimientos hasta el punto del éxtasis. Esta tiene sobre nosotros un efecto purificador, que hace posible sumirse en un estado mental feliz y elevado, con solo un concepto vago de Dios, imaginando que podemos adorarlo, cuando en realidad no hacemos nada por el estilo. Simplemente, disfrutamos de un momento extático que Dios ha puesto en nosotros y que ni siquiera el pecado ha podido destruir.

Rechazo la idea de que en el infierno haya poesía; no puedo creer que en esa espantosa cloaca del mundo moral haya alguien que se dedique a hacer símiles y metáforas. No puedo concebir que nadie se ponga a cantar en ese terrible lugar llamado infierno. Leemos que en el cielo hay música y poesía, porque es el lugar adecuado para tales cosas. Por lo que yo he leído en la Biblia, nunca se nos dice que haya poesía en el infierno. Leemos que en ese lugar hay conversaciones, pero no que haya cánticos, porque no los hay. Allí no hay poesía, no hay música, pero en la tierra hay mucha, incluso entre los que no son salvos, porque fueron hechos a imagen de Dios. Aunque han perdido a Dios en sus mentes, siguen apreciando lo sublime y llevan dentro de su ser más íntimo un residuo de anhelo espiritual.

Hay algunos hombres que han escrito libros sobre la importancia de la sublimidad y sobre cómo cultivarla. En el mundo, además, hay muchas cosas que inspiran y son hermosas. La sublimidad es la belleza intelectual, en contraposición (por usar un término largo) a la belleza de la vista y del oído. La música es la belleza que reconoce el oído. Hay otras cosas hermosas que la vista reconoce, pero cuando el corazón no oye nada sino que solo siente, entonces es la música del corazón. Es la belleza percibida dentro del espíritu.

Las Escrituras nos dicen que «Dios es Espíritu; y los que le adoran, en espíritu y en verdad es necesario que le adoren» (Jn. 4:24). La Palabra debe disipar las nieblas de la oscuridad; arrebata la adoración de las manos de los hombres y la pone en las del Espíritu Santo. Por consiguiente, podemos tener todo eso y aun así no adorar a Dios o ni siquiera ser aceptados por Él.

Para adorar podemos elegir la vía que queramos, pero no todos los caminos acaban a los pies del Señor Jesucristo, ni Dios los acepta. El Dios todopoderoso los rechaza severamente y dice: «No tengo nada que ver con ellos». Nuestro Señor Jesús dijo: «Dios es Espíritu; y quienes le adoren es necesario que...». Quiero que sea consciente de este imperativo; la expresión «es necesario que» disipa toda oscuridad y quita la adoración de las manos de los hombres.

Es imposible adorar a Dios aceptablemente lejos del Espíritu Santo. La operación del Espíritu de Dios en nuestro interior nos permite adorarlo adecuadamente por medio de esa persona a la que llamamos Jesucristo, que es Dios. Por lo tanto, la adoración nace en Dios, viene a nosotros y se refleja en nosotros. Esta es la adoración que Él acepta, y no tolera ninguna otra.

Oración

Oh Dios, te pedimos que, mientras aún hablamos, el cielo se abra y nos invada una sensación de tu presencia, y percibamos que sobre este mundo se cierne otro superior, un mundo eterno donde habitas tú. Cuando el reino de los cielos toca el de los hombres, creemos que Dios ha escuchado nuestras oraciones. Oh Dios, te rogamos que nos hables, que no nos permitas dar nada por hecho, ni creer que algo es cierto cuando no lo es, o pensar que hacemos lo correcto cuando no es así; que no pensemos que nuestra adoración es aceptable cuando no lo es. Que todos y cada uno de nosotros nos acerquemos humildemente, mirando el sacrificio, el sacrificio poderoso, y escuchemos las palabras de amor, veamos el sacrificio poderoso y tengamos paz contigo. Te rogamos que nos concedas esto que pedimos en el nombre de Jesús. Amén.

El fervor del santo deseo
Madame Guyon

Siempre, siempre y sin final,
siento que crece el raudal,
fervor del santo deseo;
y a menudo clamo al cielo:
¡Quiero morir en tu fuego eternal!

5

¿RELIGIÓN O ADORACIÓN?

Dios es Espíritu; y los que le adoran, en espíritu y
en verdad es necesario que le adoren.
JUAN 4:24

Desde la expulsión del hombre del Edén, la religión ha supuesto una carga intolerable para los hombros de la humanidad. A pesar de lo agotador que resulta, es una esclavitud que la mayoría no puede o no quiere interrumpir. La palabra «religión» significa «reatar»; las personas religiosas, por norma, han dejado a un lado unas cadenas para ponerse otras. Cueste lo que cueste, el hombre ejercerá este impulso interior hacia la adoración.

Sin embargo, nuestro Señor promulga una emancipación espiritual muy esperada y la firma con su sangre. Ahora los pueblos del mundo, que soportan el pesado yugo de la religión, pueden conocer la verdadera libertad de la adoración genuina. Nuestro Señor Jesucristo dijo unas palabras que permitieron que la luz brillase sobre nosotros e iluminara nuestro espíritu, elevándonos y sacándonos del lodo de la sociedad depravada.

Dios nunca ordenó al hombre que avanzase penosamente por el fango de este mundo ni pretendió que se viera atrapado en las tradiciones humanas. Por eso, el Señor nos libera y abre una fuente de agua que sana las heridas del mundo.

A pesar de todo esto, el hombre elige deliberadamente la esclavitud de la religión antes que la libertad vivificadora en Cristo.

En la India, creen que la diosa Ganga, que es el río Ganges, tiene el poder de limpiar a las personas. Hay ciertos santos que peregrinan para bañarse en «la diosa Ganga», uno de los ríos más sucios del mundo. Se tiran de cabeza al río, señalan con el dedo el punto del agua que tocó su frente y vuelven a sumergirse. Literalmente recorren así muchos kilómetros de la diosa Ganga —el río Ganges—, se bañan y se marchan, pero no quedan más limpios que cuando llegaron. De hecho, no están tan limpios como al principio. Están heridos y magullados amargamente en su alma.

Nuestro Señor expresó en una frase las palabras de la adoración: «Dios es Espíritu; y los que le adoran, en espíritu y en verdad es necesario que le adoren», dejando zanjado este asunto para siempre y subrayando que usted no puede complacer a Dios magullando su cuerpo o bañándose en tal o cual río. Sin embargo, quienes adoran al Padre lo hacen en espíritu y en verdad. Esta es la verdadera agua sanadora para las almas heridas de los hombres religiosos.

Nuestro Señor explica aquí que la adoración es natural para el hombre. Nunca ha existido una tribu descubierta en algún lugar del mundo en la que la religión no formara parte de su sociedad. Era totalmente natural que Adán caminase con Dios en el huerto del Edén durante el frescor del día. Los años de Adán fueron bendecidos por la voz de Dios, sanadora, suave como el terciopelo. Cuando Adán pecó, se escondió de la presencia del Padre entre los árboles del huerto. Era consciente de Él, pero no tenía libertad para adorarlo, porque el pecado se había interpuesto y había arrancado las cuerdas del arpa. No quedaba más que el marco; la música del alma se había interrumpido; donde antes hubo armonía, solo quedaba cacofonía y discordancia. De este modo, el hombre perdió el objeto pertinente de su adoración y se puso a buscar algo nuevo que adorar.

El hombre adora por exigencias de su naturaleza. Cuando mira a su alrededor, buscando algo que adorar, se encuentra con el misterio y lo extraordinario. El resultado es que la humanidad adora todo lo que no puede explicar. Todo aquello que la asombra se convierte en objeto de su adoración. Como la mente humana está caída, se queda pasmada ante las cosas externas, los objetos que la impresionan.

La mente humana se amplía, se eleva y se llena de asombro, y este mismo asombro conduce a la adoración y abre el misterio. Los hombres solían ponerse de pie a la orilla del mar, escuchando el fragor de las aguas, contemplando cómo volaban las gaviotas y se movían las nubes blancas, y exclamaban: «¿Qué es todo esto, qué es?». Y a lo que estaba frente a ellos llamaron Neptuno y dijeron: «Este es nuestro dios», y de rodillas le hicieron sacrificios. El esplendor de la naturaleza traía a la mente la necesidad de adorar no al Creador, sino a la creación. Cuando vieron cómo se levantaba el sol por la mañana y hacía su circuito por los cielos, hundiéndose luego en un mar de sangre, dijeron: «¿Qué es esa cosa brillante que siempre se alza por el mismo lugar y nunca se apaga?». Lo llamaron Febo Apolo, y lo hicieron un dios grande y hermoso, al que representaron con alas de plata en los pies, porque recorría veloz los cielos. Lo adoraron y dijeron que eso era maravilloso. No sabían qué era, pero era maravilloso y los inspiraba a la adoración. Los parsis se arrodillaban ante el sol; lo llamaron Mazda, y la luz que desprendía era la luz de Mazda, llamada así por el dios de los seguidores de Zoroastro, adoradores del fuego.

Si no sabemos cómo adorar por medio de Jesucristo nuestro Señor, el corazón humano se romperá como una presa que desborda sus márgenes y adorará de otra forma. Si las personas no avanzan en la dirección correcta, lo harán en la equivocada, pero adorarán.

La humanidad no solo encontró motivos para adorar en la naturaleza, sino también en el corazón y en las emociones humanos. Dijeron: «Fíjense en el amor, esa emoción tan poderosa y tremenda, por la que mueren hombres y mujeres sin pensarlo. Fíjense en eso que ata al hombre con la mujer, cohesiona la familia y hace que los hombres amen tanto a su país que llegan a entregarse y sacrificarse libremente por él». Lo llamaron Venus; nosotros le pusimos el nombre de esta diosa a uno de los planetas. Podríamos seguir: tenemos a Ceres, la diosa de la vida, y a muchas otras deidades; la lista es tan inabarcable como la imaginación del hombre. Cada emoción, pensamiento e imaginación del hombre se convirtió en objeto de misterio y de adoración; todo lo apartaba de Aquel que subyace en todo esto, el Creador.

Otra indicación de esta necesidad de adorar puede apreciarse en las obras artísticas y creativas del hombre. ¿Qué induce a una persona a querer crear algo hermoso? ¿Por qué quiere escribir un poema, pintar un cuadro, componer una pieza musical? Creo que el hombre caído lleva en su interior, en lo profundo de su alma, algo que lo atrae hacia el misterio. Un abismo llama a otro abismo a la voz de las cascadas de Dios; la voz profunda del Creador llama, y lo profundo del ser humano lucha por responderle.

Cada vez que un griego se arrodillaba en la orilla del mar y ofrecía su sacrificio a Neptuno, era ese espacio pequeño, ciego y profundo de su interior el que respondía a los abismos de Dios. Cada vez que un indio americano se situaba a la orilla del mar y devolvía a las aguas con reverencia las espinas de un pescado, se disculpaba ante Dios por haberlo matado y comido; cada vez que alzaba la vista y decía: «Manitú» y «Alabado sea», cedía ante el misterio en su interior. Y cada vez que el gran genio que fue Beethoven producía una página de música inmortal, sentía algo en lo profundo de su ser. Decía: «Conozco a Dios. Está más cerca de mí que de otros. Conozco a este Dios», y luego escribía su música imperecedera. ¿Qué estaba haciendo? Buscando a tientas, intentando adorar algo, cualquier cosa. Aquel gran hombre que estuvo vacilando siempre entre el suicidio y la vida, y que al final cedió y fue donde va toda carne, es solo un ejemplo.

El hombre tiene el impulso innato de hacer esto —admirar, temer—, y por este motivo, se han desarrollado muchas religiones. En la India, hay un dios para cada cosa, con el fin de responder a esa compulsión interna a adorar. Por naturaleza, el hombre debe adorar algo. Dentro de su propio ser, tiene que adorar y, si pierde su capacidad de hacerlo en espíritu y remontarse en su corazón, descubrirá alguna otra manera de expresar adoración. Debido al modo en que fue creado, el hombre se siente atraído por el misterio donde quiera que lo encuentre. Un cierto grado de misterio genera en el interior una sensación de temor reverente, y cuando el hombre lo detecta, adora.

Este es el impulso subyacente en el deseo de explorar otros mundos y viajar por los vastos espacios siderales. No hay ninguna otra criatura de Dios que lo haga, y a ninguna se le ocurriría hacerlo. El hombre, que ha perdido el misterio de Dios dentro de su corazón, busca ese misterio en otras partes.

La mujer samaritana en Juan 4 reveló cuál es el error de todo el mundo religioso: «Señor, por lo que dices entiendo que eres profeta. Sabes más de lo que sabría cualquier persona, de modo que debes serlo. Tengo una pregunta para ti». Esa pregunta no era una frivolidad; era una cuestión que separaba a los judíos de los samaritanos, a pesar de que ambos pueblos estaban relacionados por consanguinidad. La pregunta es: «Aquí, en Samaria, adoramos en nuestro monte santo. A cierta distancia, en Jerusalén, se alza el monte sagrado de los judíos, donde ellos adoran. Nosotros decimos que hay que adorar en este monte, y ustedes dicen que debe hacerse en Jerusalén. Ahora bien, como eres profeta, dime, ¿cuál es el lugar correcto donde adorar?».

Esta mujer cayó en su propia y pequeña trampa, y reveló esa lacra primordial del mundo religioso. ¿Adoro aquí o adoro allí? ¿Adoro en esta iglesia o lo hago en aquella otra? ¿Qué iglesia es la correcta, qué denominación? Esta es la dificultad, este es el problema. Por lo tanto, la cuestión radica en el aspecto externo de la adoración. Este sigue siendo nuestro problema incluso hoy día, el problema más grande al que se enfrenta la Iglesia.

Nuestro Señor Jesús dijo esta hermosa frase: «Mas la hora viene, y ahora es, cuando los verdaderos adoradores adorarán al Padre en espíritu y en verdad; porque también el Padre tales adoradores busca que le adoren» (ver Jn. 4:21-23). Si Dios fuera una deidad local confinada a un monte, habría que acudir a ese lugar para adorarlo. Si Dios fuera una deidad fluvial, limitada a los ríos, usted tendría que acudir a sus riberas para adorarlo. Si Dios fuera una deidad de los montes, o de las llanuras, usted tendría que acudir donde Él estuviera. Jesús nos dio la noticia, maravillosa y liberadora, de que Dios es espíritu, por lo tanto, está en todas partes; ya no adoramos en lugares concretos.

El propósito de la naturaleza es el de conducirnos al Creador para que lo adoremos. El propósito de los sentimientos y de las emociones del hombre es guiarnos a Aquel que los insertó en su corazón, el Creador. Todo lo que hay en la creación debe señalar hacia el Creador y evocar en nuestro interior asombro, admiración y adoración. Dondequiera que vayamos, podemos adorar.

Jesús enseñó, esencialmente, que somos santuarios móviles, y que si adoramos en espíritu y en verdad, podemos llevar nuestro santuario adonde vayamos. Jesús dijo: «¿No ven que si Dios es Espíritu, la adoración es espiritual, y todo lo espiritual carece de lugar en el espacio y en el tiempo?». Usted no se levanta por la mañana, mira su calendario y decide que hoy es el día propicio para adorar. No se levanta, sale, mira a su alrededor y dice que es el lugar donde debe hacerlo. Usted adora a Dios ahora, en cualquier lugar o momento, porque la adoración es espiritual.

Las personas han convertido la religión en una comedia, porque se han esclavizado a lo externo, a los objetos, hasta un extremo ridículo. Esos peregrinos religiosos viajan a sus santuarios sagrados para adorar. Muchos hacen un peregrinaje a Tierra Santa y creen que allí están más cerca de Dios que en cualquier otro punto del planeta. En el reino de Dios, tal y como Él lo ha dispuesto, no hay un lugar más sagrado que otro. Si usted no puede adorar aquí, no puede adorar allí.

Esta esclavitud de la religión no acaba aquí. Algunos hacen que su religión consista en alimentos; hay cosas que pueden comer y otras que no. El resultado es que si comen las lícitas, son santos; si no las comen, no lo son. En determinados momentos del año, usted podrá comer «esto», pero en otras épocas del año, no. Pablo explicó que lo que usted come no lo hace mejor ni peor persona. Es posible que lo enferme, pero no lo santificará, no lo dañará ni le ayudará. Si es un alimento bueno y sano, y puede digerirlo, sírvase. La santidad no radica en los alimentos que tomamos, y la adoración no depende tampoco de la comida. Dios es Espíritu, y quienes lo adoran deben hacerlo en espíritu y en verdad.

También hay otros esclavizados a los tiempos. La adoración no está circunscrita al tiempo. Respeto a nuestros hermanos que siguen el calendario del año eclesial, que empieza con una cosa y concluye con otra; pero no lo sigo en absoluto. ¿Puede imaginar que yo me arrepintiera durante seis semanas al año, y una vez estas concluyen se cerrara la veda? No puedo imaginarme limitado a un momento concreto. «Ahora es el tiempo de salvación». Este es el momento, de modo que cualquier instante es válido. Usted puede decir por la mañana: «Buenos días, Dios» y decirle: «Buenas noches, Señor», cuando anochece. Puede despertarse de madrugada y pensar en Dios; incluso puede soñar con Él, porque a mí me ha pasado. Usted puede acercarse a Dios en cualquier momento y en todo lugar.

Hay momentos del año en que pensamos un poco más en la religión. Personalmente, me gusta Semana Santa. Si fuéramos a tener una época especial durante el año, creo que debería ser la Pascua, porque es entonces cuando el pueblo de Dios alza la vista al cielo cantando: «Cristo, el Señor ha resucitado hoy, aleluya, aleluya». Me gusta la Pascua, y creo que es un momento hermoso del año. Me cuesta bastante predicar durante la Pascua, porque todos mis sermones se basan en la resurrección del Señor; y si les quitase este tema central, se vendrían abajo.

La resurrección de Cristo no es más cierta durante la Pascua que en otras épocas del año. Sin la resurrección de Cristo, el cristianismo se desmorona. Nuestra adoración no puede estar confinada al tiempo.

Los alimentos no son sagrados ni los tiempos tampoco, ni lo son los lugares. Si no señalan a Cristo, se convierten en una trampa que nos esclaviza a una mera religión.

Los judíos cometieron el error de pensar que el templo era sagrado; y como el templo era un lugar santo, no podría sucederle nada. Jesús puso en evidencia su error. «¿Ven este templo? ¿Ven estas piedras? Antes de que pase mucho tiempo todas serán polvo». El templo fue derruido en el año 70 d.C. Jesús dijo que Israel era como un árbol. «Miren el hacha: o el árbol lleva fruto o será arrojado a la hoguera».

Estoy hablando de la adoración y recalco que es algo espiritual. Es interna, y las cosas externas son innecesarias. Por ejemplo, no podríamos sentarnos en la esquina de la calle y predicar, cantar y orar. Necesitamos unas paredes que nos protejan, un calefactor que mantenga el calor. Los edificios tienen un lugar y un propósito, de modo que no estoy en contra de ellos. Es necesario disponer de libros, y yo estoy a favor. Dios ha bendecido las cosas externas, pero el problema es que, en vez de convertirlas en nuestros servidores, nos hacemos esclavos de ellas.

Por lo tanto, los tiempos, los alimentos y todo lo demás son nuestros siervos. Por consiguiente, estamos por encima de todas las pequeñas cosas de la religión y debemos mirar hacia ellas desde nuestra posición en los lugares celestiales. Es maravilloso ver lo pequeñas que parecen las cosas cuando uno está bien arriba. Cuando las cosas empiezan a hacerse más grandes, sabrá que está perdiendo altitud. Cuando los campos adquieren el tamaño de estampillas, usted está bien arriba. Cuando empiezan a ser un poco más grandes, es que pierde altura; mira su reloj y dice: «Vamos a aterrizar». Cuanto más abajo esté, más grandes parecen las cosas, y cuanto más suba, más pequeñas se verán. Le recomiendo que, cuando tenga un gran problema, se remonte por encima de él, que despegue y vuele alto.

La verdadera adoración nos eleva más allá de la parafernalia de la religión, llevándonos a esa atmósfera especial de la presencia santa y magnífica de Dios. La mística Madame Guyon, del siglo XVII, expresó estos pensamientos en un himno que cantamos a menudo en la iglesia:

Contentamiento
Madame Guyon

¡Señor, qué llena de feliz contentamiento
paso mis años de encarcelamiento!
Doquiera que yo habito, estoy contigo,
ya sea el cielo, la tierra o del mar el abismo;
doquiera que yo viva estoy contigo,
en el cielo, en la tierra, en el mar infinito.

Oración

Te alabamos, oh Dios, porque nuestra religión no se encuentra en lo que hacemos, comemos o el lugar adonde vamos. Tú nos has liberado de todo lo externo, para poder elevarnos por encima de tales cosas, encontrar tu corazón y adorarte. Amén.

LOS BUSCADORES DE LA VERDAD

Jesús le dijo: Yo soy el camino, y la verdad, y la vida;
nadie viene al Padre, sino por mí.

JUAN 14:6

En este mundo tan variopinto en que vivimos, hay un grupo de personas que afirman ser buscadores de la verdad. «Somos buscadores de la verdad», dicen, como si eso les cualificara como adoradores aceptables, sean cuales fuesen sus creencias o la verdad que buscan. En realidad, algunas iglesias aceptan esta idea o invitan a las personas: «Vengan a nuestra iglesia. No tienen que creer en nada, solamente ser buscadores de la verdad». Esto pretende señalar una mente abierta, que acepta cualquier cosa. Según esta forma de pensar, la verdad no es absoluta, sino aquello que creamos en un momento dado o cualquier cosa que hayamos decidido que es verdad.

A primera vista, estos «buscadores de la verdad» parecen tener un deseo sincero, o al menos parece que avanzan en la dirección correcta. Sin embargo, en esta época de relativismo, la verdad significa cosas diferentes según la persona. Lo que es cierto para una persona puede no serlo para otra. Lo que fue cierto ayer puede que no sea cierto hoy. Lo único que consiguen estos «buscadores de la verdad» es impedir que las personas busquen la Verdad absoluta, que es Jesucristo, «...el mismo hoy, ayer y por los siglos» (He. 13:8).

Luego están quienes nos informan que en todas las religiones encontramos la verdad. Esto es lo mismo que decir que casi todos los venenos contienen agua y que, por tanto, se pueden beber. Lo que mata no es el agua, sino el veneno. Cuanto más ambiguo sea el veneno, más peligroso es. Cuanto más se acerca una mentira a la verdad, más daño hace. Y el enemigo del alma humana lo sabe muy bien.

Cuando estudiamos las religiones del mundo, descubrimos en ellas muchas cosas que son ciertas. Sin embargo, la verdad parcial es más peligrosa que una mentira. Cuando sé que una cosa es mentira, puedo alejarme de ella.

Volviendo al huerto del Edén, vemos esto: la serpiente no contó a Eva una mentira absoluta; simplemente, le contó una verdad a medias. Solo le dijo lo que quería decirle, para confundirla y obtener su propósito. Lo que generó todos los problemas posteriores a la Caída en el Edén fue lo que no le dijo.

Usted puede decirle algo a una persona y no mentirle directamente, pero sí presentarle la verdad de tal manera que nunca llegue a ella.

Puedo acercarme al zoológico y ver un tigre. Ahí está, tumbado frente a mí, lamiéndose como si fuera un gato grande. Quizá en ese momento esté juguetón, y puedo convencerme de que ese tigre no es peligroso. Es solo un gatito grande. Al tigre se le pueden quitar las garras e incluso esos dientes tan peligrosos. Pero la verdad parcial no altera la naturaleza del tigre. Por naturaleza, es la máquina de matar más eficaz en la tierra verde de Dios. Su actitud juguetona solo es una parte de la verdad.

Ahora bien, si me acerco a ese tigre aceptando solo la verdad parcial, me pongo en peligro de muerte. Lo que puede hacernos daño es lo que no sabemos.

Quienes se jactan de ser buscadores de la verdad corren un riesgo —y someten a otros a este— mayor del que yo correría en la jaula del tigre. El tigre solo puede herir mi cuerpo, pero esas medias verdades sobre la religión pueden conducirme eficazmente a las tinieblas espirituales eternas y a la condenación final.

Toda religión falsa del mundo tiene un fundamento de verdad. Parte de alguna verdad y luego se aleja de ella sutil y maliciosamente, aunque quizá no sea esta su intención. Eva no desobedeció intencionadamente a Dios ni se apartó conscientemente de la verdad fundamental.

Respecto de la adoración a Dios, debemos tener mucho cuidado de no basarla en una verdad a medias, sino en toda la verdad revelada tal y como puede hallarse en la Biblia.

El hombre quiere adorar a Dios, pero quiere hacerlo según su propia forma de entender la verdad. Lo mismo hizo Caín, como los samaritanos y los hombres a lo largo de los tiempos; pero Dios los ha rechazado a todos. Ahora bien, en el interior del corazón humano existe el imperativo de adorar, pero en el caso de Dios no hay tolerancia, no hay manga ancha. Él precisa con claridad los hechos, y todo hombre que sigue sus propias falacias es rechazado sin ambages.

Tengo montones de poesías religiosas y he leído la mayoría de ellas. Las personas que no han encontrado a Dios, que no han experimentado el nuevo nacimiento y al Espíritu Santo en sus vidas, sienten aun así el impulso antiguo a adorar algo. Si proceden de un país tercermundista, donde carecen de una buena educación, es posible que maten un pollo, se pongan una pluma en la cabeza y dancen en torno a una fogata mientras llaman a un brujo. Sin embargo, si son un poco más cultos escriben poesía. Edwin Markham (1852-1940) fue un poeta estadounidense que escribió dos o tres cosas buenas. Escribió «Lincoln» y «El hombre con el azadón», que son grandes poesías. Sin embargo, lo menciono porque es un ejemplo del modo en que funciona la mente humana. El mundo está repleto de montones de poesías como esta, que pueden desecharse; es ese tipo de poesía y de religión que no tiene ancla alguna, ni Dios ni sumo sacerdote, donde no hay sangre ni altar, sino que revolotea por ahí como una mariposa borracha, que flota y aletea sin saber muy bien adónde quiere llegar; todas esas poesías dicen lo mismo.

Hice un peregrinaje para hallar a Dios;
quise oír su voz entre santos sepulcros,
busqué las huellas de sus pies eternos
en el polvo de altares derruidos; mas me volví
con el corazón vacío. Mas cuando a casa retornaba
brilló sobre mí gran resplandor y oí
la voz de Dios en el nido de una alondra,
percibí su dulce rostro en una rosa abierta;
recibí su bendición en un pozo junto al camino;
contemplé su hermosura en el rostro de un amante;
vi su mano luminosa saludarme desde el sol.

Era un buen poeta en muchos sentidos, pero su ornitología no era muy fiable. En primer lugar, las alondras que están nidificando no cantan. En segundo lugar, dijo que escuchó a Dios cantando como un pájaro. Luego añadió: «Percibí su dulce rostro en una rosa abierta; recibí su bendición en un pozo junto al camino; contemplé su hermosura en el rostro de un amante; vi su mano luminosa saludarme desde el sol».

Ahí lo tiene: no es un loco ni un brujo procedente de las selvas de Nueva Guinea. Aquí tenemos a una persona cuya poesía figura en todas las antologías. Escribe entre los poetas del mundo y sale a buscar a Dios. Y lo buscó en el primer lugar, el cementerio, y no lo encontró. Buscó en los altares rotos y tampoco pudo hallarlo; luego, cuando iba de regreso, escuchó cantar a un pájaro y dijo que era Dios. Vio a un amante feliz que tenía entre sus manos las de su amada, y dijo que era Dios. Y vio una rosa que se mecía al viento y dijo que era Dios. Así que cuando llegó a casa escribió un poema.

Ahora, bien, lo que me gustaría saber es: ¿cómo pudo caer tan bajo? ¿Cómo pudo este hombre, en una tierra llena de Biblias, donde se predica el evangelio, escribir que fue a buscar a Dios en los altares y las tumbas, y en los lugares oscuros y polvorientos, y no lo encontró? Y cuando volvía a su casa, lo vio y lo escuchó bajo la forma de una alondra que estaba en su nido, lo vio en una rosa y en el rostro de un joven enamorado. Luego alzó la vista, y ¡fíjese usted!, Dios le hizo señales desde el sol. Yo nunca he recibido señales procedentes del sol y no conozco nadie que haya dicho nada semejante, excepto Edwin Markham.

Creo que este tipo de cosas hay que sacarlas a la luz. Debemos decir al mundo que Dios es Espíritu, y que quienes lo adoran deben hacerlo en espíritu y en verdad. Hay que recurrir al Espíritu Santo y a la verdad. No se lo puede adorar solo en espíritu, porque el espíritu sin la verdad no puede nada. No se lo puede adorar solo en verdad, porque eso sería una teología sin fuego. Debe ser la verdad de Dios y el Espíritu divino.

Cuando un hombre, creyendo y cediendo a la verdad de Dios, está lleno del Espíritu Santo, entonces su susurro más cálido y breve será adoración. Por lo tanto, podemos descubrir si adoramos a Dios por cualquier medio, si estamos llenos del Espíritu y cedemos a la verdad. Sin embargo, cuando no aceptamos la verdad ni estamos llenos del Espíritu, no hay adoración que valga. Dios no puede recibir en su corazón sagrado cualquier tipo de adoración.

Jesús dijo que «los que le adoran, en espíritu y en verdad es necesario que le adoren» y dejó claro para siempre cómo debemos adorar a Dios. Él formó la llama viva y dio la mente que razona, de modo que solo Él puede reclamar la adoración del hombre. Pero en lugar de adorar a Dios, cada hombre adora según le parece.

Tenga en cuenta que solo existe una manera de adorar a Dios: «Yo soy el camino, y la verdad, y la vida; nadie viene al Padre, sino por mí» (Jn. 14:6). Cuando somos amables y caritativos permitiendo que se sustente la idea de que Dios acepta la adoración de cualquiera, y en todo lugar, en realidad perjudicamos y ponemos en peligro el futuro del hombre o de la mujer a los que permitimos pensar eso. Todo aquello que sea incompatible con la naturaleza santa de Dios perjudica el alma humana y, en última instancia, la condena eternamente.

Yo haría lo mismo que hizo el escritor de himnos Isaac Watts en el siglo XVII, cuando intentó poner en verso el libro de los Salmos. No dejaba tranquilo un salmo si no decía algo sobre Jesús. Siempre añadía una estrofa sobre Jesús antes de acabar. Personalmente, me alegro de que lo hiciera.

Se trata de una cosa u otra. O bien un adorador se somete a la verdad de Dios o no puede adorarlo en absoluto. Una persona puede escribir poemas y sentir cómo se elevan sus pensamientos cuando ve un amanecer. Puede oír cantar al polluelo de la alondra, aunque la verdad es que estos no cantan. Podrá hacer todo tipo de cosas, pero no puede adorar a Dios a menos que tenga fe. Hacerlo supone que debe someterse a la verdad revelada sobre Dios. Tiene que confesar que Él es quien dice ser. Además, tiene que declarar que Cristo es quien afirma ser. Tiene que admitir la verdad acerca de sí mismo y reconocer que es un pecador tan malo como Dios dice que lo es. Luego debe admitir la verdad de la expiación, la sangre de Jesucristo que limpia el pecado y libra de él. Por último, debe seguir el camino de Dios. Tiene que renovarse conforme a la imagen de Aquel que lo creó.

El único que puede adorar a Dios de forma aceptable es el hombre redimido. Solo un hombre renovado puede adorar a Dios aceptablemente, y creer la verdad tal como Él la revela en su Palabra.

Por lo tanto, esas personas que tienen iglesias y oran en nombre de «todo lo bueno» y «el Padre que es todo» no tienen idea de qué es la verdadera adoración aceptable a los ojos de Dios. Tropiezan en medio de las tinieblas espirituales. Preferiría pasear por el parque con mi Nuevo Testamento. Así puedo encontrar a mi Dios, no el dios que se encuentra en una rosa, sino Aquel que está sentado en el trono de las alturas, junto al cual se sienta aquel cuyo nombre es Jesús, que tiene todo el poder tanto en el cielo como en la tierra. Y podría tener comunión con Dios mientras caminara por la calle, en lugar de adorarlo en un altar de Baal.

El hombre debe ser renovado y recibir el Espíritu de verdad. Sin esa infusión del Espíritu Santo, no puede darse la verdadera adoración.

¡Qué grande es Dios y qué completa es la obra de Cristo! ¡Qué imperativos son el arrepentimiento y la regeneración en el Espíritu Santo! Al rechazar al Espíritu, cegamos nuestros ojos y andamos a trompicones en las tinieblas, ciegos y perdidos. No seamos culpables de este pecado en estos tiempos de Biblias abiertas y abundantes de verdad.

Bernardo de Claraval (1091-1153), en su gran himno, expresa cómo es el corazón de quienes buscan sinceramente la verdad.

Oh Jesús, dulce memoria,
fuente de verdadera alegría para el corazón;
pero por encima de toda dulzura,
dulce es Su presencia.

Nada se canta que sea más suave,
nada se oye que sea más alegre,
nada se piensa que sea más dulce,
que Jesús, Hijo de Dios.

Jesús, esperanza de quien se arrepiente,
¡cuán piadoso eres con quien te desea!
¡Cuán bueno eres con quien te busca!
Pero ¿qué serás para quien te encuentre?

Ninguna boca puede decirlo,
ninguna palabra puede expresarlo:
solo quien lo ha experimentado puede comprender
qué significa amar a Jesús.

Sé tú, oh Jesús, nuestra alegría,
tú que eres el premio futuro:
esté en ti nuestra gloria,
siempre, en todo tiempo. Amén.

Oración

Oh Dios, ¡qué maravillosa es la obra de tu Hijo! Llena todo el universo de belleza, temor reverente y admiración. Mi corazón se ve saturado con la intensidad de semejante obra dentro de mi ser. Te busco, pero solo te encuentro cuando te busco con todo mi corazón y toda mi mente. Mi temor rendido ante ti ha agotado mis expresiones de alabanza y de adoración. Tu presencia es mi consuelo de día y de noche. Amén.

7

¿QUÉ FUE PRIMERO, LOS OBREROS O LOS ADORADORES?

*Creo en un solo Dios, Padre Todopoderoso, Creador del cielo
y de la tierra, de todo lo visible y lo invisible. Creo en un solo
Señor, Jesucristo, Hijo único de Dios, nacido del Padre antes de
todos los siglos: Dios de Dios, Luz de Luz, Dios verdadero
de Dios verdadero, engendrado, no creado...*

CREDO DE NICEA

*Tú eres el Rey de la gloria, Cristo. Tú eres el Hijo único del Padre.
Tú, para liberar al hombre, aceptaste la condición humana sin
desdeñar el seno de la Virgen. Tú, rotas las cadenas de la muerte,
abriste a los creyentes el Reino de los Cielos.*

TE DEUM LAUDAMUS

Estas antiguas afirmaciones o credos, como a veces se les llama, los elaboró la Iglesia con el paso de los siglos, para declarar así sus creencias con gran alegría y una actitud de profunda falta de merecimiento. Uno mi voz a la suya y digo que creo en tales cosas. Creo que Él, el Rey de la gloria, el Hijo eterno del Padre, tomó la decisión de liberar al hombre y superó el trance de la muerte, resucitando y abriendo así el camino al reino de los cielos para todos los creyentes.

A la luz de esto, la mente humana debe responder algunas preguntas. Una de ellas es por qué sucedió todo esto. El Dios de Dios y la Luz de Luz nació de una virgen, sirvió durante el dominio de Poncio Pilato, superó el trance de la muerte y abrió el reino de los cielos a todos los creyentes. Tras todo esto, debe existir un propósito, porque Dios tiene un intelecto. La inteligencia es uno de los atributos de la deidad, y por consiguiente, Él debe tener un propósito razonable que pueda resistir el escrutinio de la razón humana santificada. ¿Por qué hizo Dios todo esto?

Como cristiano evangélico, me siento profundamente inquieto y preocupado —hasta el punto de que me causa sufrimiento— al ver el estado en que nos encontramos los evangélicos hoy día. Con «evangélicos» me refiero a las iglesias libres en términos generales, las iglesias que tienen orden, aquellas que no lo tienen y las que están sumidas en el caos. Las iglesias que tienen cultos hermosos y cultos sencillos, cultos improvisados y espontáneos, e iglesias cuyos ministros piensan que deben ser un cruce entre el apóstol Pablo, Moisés y Bob Hope.

El motivo supremo por el que el Señor nació de la virgen María para padecer bajo Poncio Pilato, ser crucificado, morir y ser sepultado; el motivo por el que superó la muerte y resucitó de entre los muertos es para poder convertir a los rebeldes en adoradores. Somos los receptores de una gracia destinada a salvarnos de nuestro egocentrismo, para convertirnos en adoradores.

Thomas Boston dijo que la diferencia entre el hombre y los animales es que una bestia mira el suelo, y el hombre fue hecho para mirar a lo alto. Un hombre puede relacionarse con el Dios de los cielos, mientras que el animal camina y solo ve el suelo que tiene bajo sus cortas patas. El hombre puede mirar los cielos, en lo alto. Una bestia se dobla bajo su carga, pero un hombre levanta su corazón en alabanza a quien la llevó por él, Jesucristo.

A Dios le interesa muchísimo más tener adoradores que obreros. Lamentablemente, la mayoría de los evangélicos no comparten este interés. Se han visto reducidos a la postura en la que Dios es un supervisor desesperado que busca ayuda. Aguardando en el arcén de la carretera, intenta descubrir cuántos ayudadores vendrán a rescatarlo, a sacarlo de una situación difícil. Creemos, equivocados, que Dios necesita obreros, de modo que decimos alegremente: «Iré a trabajar para el Señor». Ojalá pudiéramos recordar que, por lo que respecta a sus planes, Dios no nos necesita.

Creo que debemos trabajar para el Señor, pero esto es cuestión de gracia por parte de Dios. Sin embargo, no creo que debamos trabajar hasta que no aprendamos a adorar. Un adorador puede trabajar dotando su trabajo de una cualidad eterna, pero un trabajador que no adora no hace más que apilar madera, heno y hojarasca para el momento en que Dios haga arder el mundo. El Señor quiere adoradores antes que obreros. Nos llama de vuelta a aquello por lo que fuimos creados: adorarlo y disfrutar de Él para siempre. Y así, de nuestra profunda adoración, fluirá nuestro trabajo para Él. Nuestro trabajo sólo es aceptable para Dios si también lo es nuestra adoración.

Muchos de los grandes himnos de la Iglesia nacieron de un avivamiento de algún tipo. Pueden rastrearse por la Reforma luterana, el avivamiento de Wesley y el moravo. Esos himnos nacieron de los tiempos en los que la Iglesia de Dios trabajaba. El Espíritu se derramaba sobre ella, los cielos se abrían, y había visiones de Dios; del trono en las alturas bajaba el resplandor que reflejaban los corazones de su pueblo.

Si el diablo tiene sentido del humor, creo que debe reírse sujetándose sus costados inmundos cuando ve una iglesia de cristianos muertos, que cantan un himno escrito por un compositor despierto espiritualmente y adorador. Hay muchos grandes himnos que no me gustaban hace años, porque los oía en alguna reunión de oración sin vida, con un líder de alabanza reseco que no esperaba nada y que tenía ante sí una congregación yerta que tampoco lo esperaba. Ambas partes se habrían sorprendido si hubiese pasado algo. Tenían un espíritu de falta de expectación. La genuina adoración, agradable a Dios, crea dentro del corazón humano un espíritu de expectación y de anhelo insaciable.

Debemos comprender que el Espíritu Santo solo desciende a un corazón que participa en la adoración. Partiendo de su adoración intensa, Dios lo llamará a la obra. Sin embargo, al Señor no le interesa que usted se ponga de pie de un salto e inicie algún proyecto religioso chapucero. Aquí es donde se encuentra la Iglesia contemporánea. Toda charla absurda, carente de preparación y vacía espiritualmente que propague un individuo un tanto ambicioso, puede dar pie a un movimiento religioso, como el Tabernáculo del Evangelio de la Hoja de Parra. Las personas escucharán e intentarán ayudar a aquel hombre que jamás en su vida ha sabido nada de Dios. Muchos confunden este amateurismo alocado como una adoración dinámica espiritualmente, y se lo ofrecen a Dios. Desde mi punto de vista, es improbable que alguien que adore a Dios haga algo inusual o fuera de lugar. Nadie que sea un verdadero adorador se entregará a proyectos religiosos carnales y mundanos.

Cada vislumbre que tenemos de las criaturas celestiales las muestran adorando. Leo Ezequiel 1:1-28 y pienso en aquellos seres alados, extraños y hermosos, allá en lo alto; son criaturas que bajan sus alas y se inclinan en silencio ante el trono de Dios, sumidas en adoración reverente. Cuando escuchan la voz del Señor, alzan sus alas y caminan derechas hacia delante, y cuando andan no se vuelven (véase v. 12). Esto también me gusta. Es una imagen gloriosa de las criaturas y del pueblo de Dios, que adoran sumidos en una maravilla y alabanza extáticas.

Luego encontramos, en el capítulo sexto de Isaías, un relato de adoración arrebatada: «En el año que murió el rey Uzías vi yo al Señor sentado sobre un trono alto y sublime, y sus faldas llenaban el templo. Por encima de él había serafines; cada uno tenía seis alas; con dos cubrían sus rostros, con dos cubrían sus pies, y con dos volaban» (Is. 6:1-2). Se respondían unas a otras, como en una antífona, y decían: «...Santo, santo, santo, Jehová de los ejércitos; toda la tierra está llena de su gloria». Y el templo se llenó de incienso, y sus puertas temblaron, y también sus columnas (vv. 3-4). Aquellos seres adoraban a Dios inmersos en un asombro gozoso y temible. No eran estallidos irreverentes y emocionales, que solo sirven para conmover la carne.

La adoración la encontramos también en el libro de Apocalipsis, capítulo 4: «Y siempre que aquellos seres vivientes dan gloria y honra y acción de gracias al que está sentado en el trono, al que vive por los siglos de los siglos, los veinticuatro ancianos se postran delante del que está sentado en el trono, y adoran al que vive por los siglos de los siglos, y echan sus coronas delante del trono, diciendo: Señor, digno eres de recibir la gloria y la honra y el poder; porque tú creaste todas las cosas, y por tu voluntad existen y fueron creadas» (vv. 9-11).

Y un poco más adelante dice: «Y a todo lo creado que está en el cielo, y sobre la tierra, y debajo de la tierra, y en el mar, y a todas las cosas que en ellos hay, oí decir: Al que está sentado en el trono, y al Cordero, sea la alabanza, la honra, la gloria y el poder, por los siglos de los siglos. Los cuatro seres vivientes decían: Amén; y los veinticuatro ancianos se postraron sobre sus rostros, y adoraron al que vive por los siglos de los siglos» (Ap. 5:13-14).

Aquí veo una imagen maravillosa de cierto tipo de seres llamados «ancianos». No sé si son ancianos como los que elegimos en nuestras iglesias o no. Luego están las bestias, a las que también se les llama «seres vivientes». Todos adoran al Señor Dios, y siempre que miramos los cielos, los vemos dedicados a la adoración. Si la adoración lo aburre, no está listo para el cielo. La adoración es la atmósfera misma del cielo, que se centra en la persona de Jesucristo.

Creo en la justificación por la fe con tanta firmeza como Martín Lutero. Creo que solo podemos ser salvos por fe en el Hijo de Dios como Señor y Salvador. Pero lo que me preocupa es esa cualidad del proceso de ser salvos, vista hoy día, que lo convierte en algo automático. Funciona más o menos así: limítese a meter una moneda de fe en la ranura, baje una palanca, saque la pequeña moneda de la salvación y guárdesela en el bolsillo; listo, ya puede irse. Es así de sencillo. Después de eso, usted es salvo. Cuando le pregunten, limítese a decir: «Metí la moneda; acepté a Jesús y firmé en el papel». Muy bien, no tiene nada de malo poner nuestra firma para que sepamos quiénes somos. El problema es que esa sea la única manera de que sepamos si algunas personas son cristianas. Qué trágico.

El cristianismo no es el resultado de venir a Dios y convertirse en un cristiano automático sacado del molde, al que se le imprime la frase «Talla única»; «Dios hará por usted lo que ha hecho por otros». Estas son expresiones maravillosas, que contienen cierto grado de verdad, pero nos alejan de la verdad absoluta. Nos acercamos a Cristo para ser redimidos individualmente, para ser hechos a su imagen; para ser cristianos vibrantes, individuos únicos que aman a Dios con todo su corazón y que lo adoran en la hermosura de la santidad.

La adoración no solo es la tarea normal de los seres morales, sino también un imperativo moral. El libro de Lucas nos dice que cuando se acercaron al monte de los Olivos, toda la multitud de discípulos empezó a regocijarse y a alabar a Dios a gran voz, por todas las obras poderosas que habían visto (véase Lc. 19:37).

Algunas personas creen que están adorando cuando hacen mucho ruido, mucho escándalo. Nunca pueden adorar sin que haya ruido y conmoción. El ruido religioso y la adoración no significan necesariamente lo mismo.

Por otro lado, quiero hacer una advertencia a las personas cultas, calladas, contenidas, serenas y sofisticadas, tan seguras de sí mismas que les avergüenza que alguien diga «amén» en voz alta durante un culto en la iglesia. A lo largo de la historia, el pueblo de Dios siempre ha sido un poco ruidoso.

A menudo pienso en aquella querida santa inglesa, que vivió hace seiscientos años, llamada lady Juliana de Norwich. Un día estaba meditando en lo alto y sublime que era Jesús y, aun así, en cómo se había humillado para adecuarse a la parte más ínfima de nuestro deseo humano. De pronto, no pudo controlarse. Dejó escapar un grito y oró en voz alta en latín, diciendo «¡Bien, pues gloria a Dios! ¿No es esto algo maravilloso?».

Si esto le molesta, algo anda mal.

Nuestro Señor se enfrentó a esta crítica: «Cuando llegaban ya cerca de la bajada del monte de los Olivos, toda la multitud de los discípulos, gozándose, comenzó a alabar a Dios a grandes voces por todas las maravillas que habían visto» (Lc. 19:37). Estoy bastante seguro de que no todos afinaban bien. Cuando vemos a una multitud de personas a las que el Señor ha bendecido, que se dejan llevar por la adoración y la alegría, siempre cabe la posibilidad de que no canten a Dios con una gran calidad musical.

«Diciendo: ¡Bendito el rey que viene en el nombre del Señor; paz en el cielo, y gloria en las alturas! Entonces algunos de los fariseos de entre la multitud le dijeron: Maestro, reprende a tus discípulos» (vv. 38-39). A los fariseos les ofendió que alguien cantase en público la gloria de Dios. Por eso dijeron a Jesús: «Maestro, reprende a tus discípulos».

«Él, respondiendo, les dijo: Os digo que si éstos callaran, las piedras clamarían» (v. 40). Lo que dijo Jesús es que Él era digno de adoración. A aquellos fariseos les hubiera dado un pasmo si hubieran oído a una piedra alabar a Dios. Aquellas pobres personas alababan a Dios a voz en cuello.

La adoración es un imperativo moral, sin embargo creo que es la joya ausente en los círculos evangélicos. Tenemos la corona, pero faltan las joyas. La Iglesia se ha vestido con todos los ornamentos, pero le falta una joya reluciente: la adoración.

Esto tiene consecuencias prácticas en la iglesia local. Por ejemplo, un hombre que nunca asiste a las reuniones de oración se encuentra en la junta de la iglesia, tomando decisiones por todos sus miembros. Jamás iría a una reunión de oración, porque no es un adorador, sino simplemente un sujeto que dirige la iglesia; y según su forma de pensar, ambas cosas se pueden separar. Hermanos, no es posible hacer eso.

No creo que nadie tenga derecho a debatir sobre un tema relativo a la iglesia, o votar, a menos que sea una persona que ora y adora. Solo un adorador tiene la capacidad de tomar decisiones espirituales dentro del contexto de la iglesia local. Si no somos adoradores, malgastamos el dinero de otros y solo conseguimos acumular madera, heno y hojarasca para que se quemen aquel último día. Podría parecer la tarea de todos los días, pero no es una adoración gloriosa.

La adoración es algo extraordinario, y prefiero adorar a Dios que a cualquier otra cosa que exista en todo el planeta.

Si usted entrase en mi estudio, vería montones de himnarios. Como cantante, dejo mucho que desear, pero eso no es asunto de nadie. Mi cántico es una expresión de mi adoración por el Dios todopoderoso que está en lo alto. Él me escucha mientras le canto viejos himnos franceses y traducciones de los antiguos cantos latinos, y también algunos remotos cánticos griegos de la Iglesia ortodoxa; y, por supuesto, las hermosas rimas y algunos de los cánticos más sencillos de Watts, Wesley y los demás. El himnario cristiano es un lugar hermoso donde comenzar un régimen cotidiano de adoración a Dios.

Algunos podrían decir que pasarse el tiempo adorando a Dios es un desperdicio. «Hay trabajo que hacer para el Maestro», nos dicen. No hay tiempo para holgazanear, afirman, como si la adoración encajase en esta categoría. La parte positiva de esto es que, si usted adora a Dios, será una persona activa.

Las personas que ardían con la adoración radiante de Dios hicieron todas las cosas en la Iglesia de Cristo. Los grandes místicos, los grandes escritores de himnos y los grandes santos fueron quienes hicieron todo el trabajo. Los santos que escribieron los grandes himnos que cantamos eran activos hasta el punto de que uno se pregunta cómo lo lograron. George Whitefield, Juan y Carlos Wesley, Bernardo de Claraval, Gerhard Tersteegen y otros escribieron nuestros himnos de fe. Cuanto más intensa fue su adoración, más amplio su trabajo. Los hospitales nacieron de los corazones de adoradores. Y así nacieron los manicomios. Los hombres y las mujeres adoradores aprendieron a ser compasivos con aquellos cuyas mentes habían fallado.

Contemple algunos de los grandes progresos de la civilización y descubrirá que los hicieron hombres y mujeres adoradores. Siempre que la Iglesia salía de su letargo y se despertaba de su sopor espiritual, y llegaba a un renacimiento y un avivamiento, los adoradores estaban detrás del proceso.

Somos llamados a adorar y cuando no lo hacemos usando la plenitud de nuestro potencial como redimidos, fallamos a Dios. Cuando sustituimos la adoración por el trabajo, fallamos a Dios de maneras que no podemos ni siquiera entender. Cuando la gloria del Padre descendió sobre el templo en los días antiguos, los sacerdotes no podían estar allí ministrando, de lo temible que era su presencia.

Cuando un vendedor ambulante llegó a la ciudad donde tenía lugar el avivamiento de Carlos Finney, en Nueva Inglaterra, percibió que allí estaba pasando algo. Le preguntó al primer hombre con el que se encontró. Este le dijo: «En esta ciudad, se ha producido un avivamiento; Dios está aquí, y las personas se convierten, se cierran las tabernas y las casas de mala nota. Los hombres y las mujeres se purifican. Los malvados renuncian a sus hábitos cotidianos y hacen las paces con Dios. El Señor está en este lugar».

Esto es lo que nos falta en las iglesias evangélicas. No lo vemos en nuestras conferencias bíblicas, en nuestras reuniones de campamento o en nuestras congregaciones. La mayoría de iglesias de hoy día se dirige igual que puede dirigirse un club o una empresa, lo cual me entristece. Ojalá pudiéramos volver a adorar, de modo que cuando una persona entrase en una iglesia y descubriera al pueblo de Dios adorando, pudiera postrarse y decir: «Ciertamente, Dios está en este lugar».

La presencia del Señor es lo más maravilloso del mundo. Una vez estuve orando debajo de un árbol junto a algunos predicadores y a un capitán del Ejército de Salvación. Yo oré, y los otros también. Luego, el hombre del Ejército de Salvación se puso a orar. No recuerdo una sola palabra de las que dijo, pero supe que allí estaba una persona que se relacionaba con Dios de una manera impresionante, maravillosa y elevada, sumida en el acto sagrado de la adoración.

Cuando yo era niño, pertenecía a una iglesia muy liberal. En aquella época, me faltaba información. Un domingo por la noche, una niña pequeña se puso de pie para cantar. Era jorobada, y su rostro expresaba que había sufrido mucho. Su aspecto físico no generaba mucha expectación, al menos para mí. Sin embargo, cuando se puso a cantar, algo cambió. Qué rostro tan hermoso tenía. Estaba allí, de pie, cantando con su voz infantil. Adoraba a Dios.

Esto es lo que falta en nuestras iglesias. Solíamos cantar un antiguo himno escrito por Isaac Watts.

Señor Jesús, Eterno Rey,
las alabanzas de tu grey,
acepta hoy que con fervor
te ofrece en prueba de su amor.

Que nuestro culto al ofrecer,
un pacto nuevo pueda ser
del santo amor que solo a Ti
debiera el alma darte aquí.

Y que tu gracia, buen Jesús,
que al alma llena de tu luz,
jamás nos llegue a faltar,
y no podamos desmayar.

Que cada instante en nuestro ser
un nuevo triunfo pueda haber,
creciendo en gozo, fe y amor,
hasta llegar a Ti, Señor. Amén.

«¿Por qué olvidar los prodigios que Él ha hecho?» ¿Por qué hemos de guardar silencio sobre las maravillas de Dios? «¿Por qué dejar en el olvido sus grandes obras?» Que toda la tierra confiese su poder, que toda la tierra adore su gracia. Todos, gentiles y judíos se unirán en la divina tarea de la adoración.

Es así como se supone que debe ser la Iglesia; no es una gran máquina donde alguien gira la manivela mientras sonríe con una mueca imposible de borrar, alguien que ama a todo el mundo y a quien todo el mundo ama. Como hay que pagar los gastos del edificio y demás, él gira la manivela, y la máquina funciona. ¡Oh, estas cosas me entristecen el corazón! Quiero estar entre adoradores. Quiero estar entre personas que perciban la presencia de Dios entre ellos, lo cual da como resultado una adoración radiante y, en ocasiones, extática.

Oración

Amado Señor Jesús, te amamos y amamos a tu santo Padre.
Amamos al bendito Espíritu Santo, el Consolador, el Señor y
dador de la vida, quien, junto con el Padre y el Hijo, es adorado y

glorificado; te amamos, oh Dios. Tenemos la esperanza de pasar la eternidad contigo, no situados detrás del altar, sino como las criaturas que adoran en el fuego, imbuidas de un gozo admirable. Anhelamos levantarnos para hacer tu obra en los confines remotos de la creación y regresar ante tu trono para informarte, oh Dios.

Esta es nuestra esperanza; antes pensábamos que la muerte era un río terrible, oscuro, espantoso y cruel; pero es la puerta a una nueva luz, y nos deleita mirar tu rostro y ver a tu pueblo, a Abraham, Isaac y Jacob, y sentarnos en el reino de Dios con personas de toda lengua y nación de la tierra. Oh, Señor, prepáranos para aquella hora. Enséñanos el protocolo del cielo, la etiqueta del reino. Enséñanos de manera que luego no hagamos nada inusual al tomar nuestra arpa y unirnos a la compañía innumerable, o al cantar en el coro invisible. Bendice a este pueblo, Señor. Espíritu Santo, brilla con tu luz divina sobre mi corazón. Espíritu Santo, te rogamos que desciendas con poder divino, y confieras poder y gracia y fortaleza a nuestros corazones, por amor de Cristo.

8

LOS ELEMENTOS DE LA ADORACIÓN GENUINA

La gloria que me diste, yo les he dado, para que sean uno,
así como nosotros somos uno.

JUAN 17:22

La adoración no está limitada a las emociones y a los sentimientos, sino que es una actitud interna y una forma de pensar sujetas a grados de perfección y de intensidad. No es posible adorar siempre con el mismo grado de temor reverente y de amor, pero estos dos elementos siempre deben estar presentes.

Cuando un padre está cansado y su negocio le da problemas, es posible que no ame a su familia con la misma intensidad. Aunque tal vez no tenga el sentimiento del amor por su familia, este sigue estando ahí porque no se trata solo de un sentimiento; es una actitud y una forma de pensar, así como un acto constante sujeto a diversos grados de intensidad y de perfección.

Teniendo esto en mente, quiero definir la adoración como debería encontrarse en la Iglesia. Abarca una serie de factores o ingredientes, tanto espirituales como emocionales.

Una definición de la adoración

Primero, la adoración debe sentirse en el corazón. Uso el verbo «sentir» osadamente y sin disculparme. No creo que debamos ser un pueblo sin sentimientos. Yo llegué al reino de Dios a la manera antigua. Creo que conozco algo de la vida emocional que va unida a la conversión; por lo tanto, creo en los sentimientos. No creo que debamos guiarnos por ellos, pero sí creo que si no tenemos sentimientos en nuestro corazón, estamos muertos. Si usted se despertara por la mañana y de repente no tuviera sensación alguna en su brazo derecho, llamaría a un médico. Tendría que usar la mano izquierda para marcar el número, porque la derecha estaría insensible. No lo dude: todo lo que no tiene sensación está muerto. La verdadera adoración, entre otras cosas, es un sentimiento del corazón.

La adoración significa sentir en el corazón y expresar de una manera adecuada una sensación humilde pero deliciosa de asombro admirativo. La adoración humilla a una persona como nada más puede hacerlo. El hombre egoísta, presuntuoso, no puede adorar a Dios, como no puede hacerlo un demonio arrogante. Antes de que haya adoración, debe haber humildad en el corazón.

Cuando el Espíritu Santo viene y abre los cielos hasta que el mundo se queda atónito por lo que ve, y cuando sumido en una maravilla de asombro confiesa la Presencia increada de Dios, frente a ese misterio antiguo, tenemos adoración. Si no hay misterio, no hay adoración; si entiendo a Dios, no puedo adorarlo.

Nunca me pondré de rodillas y diré: «Santo, santo, santo» a alguien a quien yo pueda comprender. Aquello que puedo entender, nunca me llenará de temor reverente, de asombro, maravilla o admiración. Pero en la presencia de ese misterio antiguo, de esa majestad inexpresable que los filósofos han llamado *mysterium tremendum*, y al que nosotros que somos hijos de Dios llamamos «Padre nuestro que estás en los cielos», me inclinaré en humilde adoración. Esta actitud debería estar presente hoy en todas las iglesias.

Blaise Pascal (1623-1662) fue una de las mentes más preclaras que haya existido. Cuando aún no había cumplido los veinte años, escribió libros avanzados sobre Matemáticas, que asombraron a las personas. Se convirtió en un gran filósofo, matemático y pensador.

Una noche conoció a Dios, y todo su mundo cambió. Anotó su experiencia en una hoja de papel mientras aún estaba reciente en su mente. Según su testimonio, desde las diez y media a las doce y media de la noche se sintió anonadado por la presencia de Dios. Para expresar su sensación, escribió una palabra: «fuego».

Pascal no era un fanático ni un campesino inculto con semillas de heno en el pelo. Era un gran intelectual. Dios llegó hasta él y, durante dos horas, experimentó algo que más tarde solo pudo definir como fuego.

Después de su experiencia, oró; y para guardar un recordatorio de esta oración, la escribió: «Dios de Abraham, Dios de Isaac, Dios de Jacob, no de los filósofos y de los entendidos». Esta no era una oración para alguien que ora leyendo oraciones preestablecidas; no fue un ritual religioso formal. Fue la manifestación extática de un hombre que pasó dos horas maravillosas y extraordinarias en la presencia de su Dios. «Dios de Abraham, Dios de Isaac, Dios de Jacob, no de los filósofos y de los entendidos. Dios de Jesucristo... Tu Dios será mi Dios. Olvidar al mundo y todo lo que hay en él, excepto a Dios... Solo se lo encuentra de las maneras que enseña el evangelio... Padre justo, el mundo no te ha conocido, pero yo te he conocido. Gozo, gozo, lágrimas de gozo...». Y tras esto escribió un «Amén», dobló la hoja, la metió en el bolsillo de su camisa y allí la guardó.

Aquel hombre podía explicar muchos misterios del mundo, pero se sintió sobrecogido ante la maravilla de las maravillas, Jesucristo. Su adoración fluyó de aquel encuentro con el «fuego», y no de su entendimiento de quién y qué es Dios.

Cuatro ingredientes de la adoración

He dado una definición funcional de la adoración; ahora quiero definir cuatro factores o ingredientes principales de ella.

La confianza

Hoy día hay muchos que no pueden adorar de manera correcta porque no tienen una opinión de Dios lo bastante buena. En nuestra creencia, Él se ha reducido, modificado, editado, cambiado, corregido, hasta que ya no se parece al Dios que vio Isaías, alto y sublime, sino a otra cosa. Y como en la mente de las personas Dios se ha visto reducido, ellas no tienen esa confianza ilimitada en su carácter, que distinguió a una generación anterior de cristianos.

La confianza es necesaria para el respeto. Sin confianza en un hombre, es difícil respetarlo. Ampliemos esto hacia arriba, aplicándolo a Dios. Si no podemos respetarlo, es imposible adorarlo. Hoy día en la Iglesia, nuestra adoración sube y baja dependiendo del concepto alto o bajo que tengamos de Dios. Debemos empezar siempre por Él, el punto donde comienzan todas las cosas. En todas partes, y siempre, Dios debe ser el precursor; Dios siempre llega primero, siempre antes; Él siempre precede. El

Dios que encontramos no es ese dios barato y casero que podemos comprar en nuestros tiempos, rebajado de precio porque ha caducado. En lugar de eso, a quien debemos adorar es al Dios y Padre, el Dios asombroso, misterioso, que dirige el mundo y sostiene el universo en sus grandes manos.

Una cosa que necesitamos en estos tiempos es renovar la adoración. Debemos rescatar nuestro concepto de Dios de las deplorables profundidades en las que ha caído. Él no necesita que lo rescatemos, pero sí debemos rescatar nuestros conceptos, sumidos en un estado caído y terriblemente desacertado, que impide una adoración pura y deleitosa.

La confianza ilimitada es esencial. Sin una confianza absoluta en Dios, no puedo adorarlo. Es imposible sentarse con un hombre y tener comunión con él si tenemos motivos para pensar que va a causarnos un perjuicio, que quiere engañarnos o tomarnos el pelo. Debemos respetar a Dios antes de poder sentarnos a su lado y disfrutar de una comunión mutua, que es el meollo de la adoración pura.

Cuando nos acerquemos a Dios, debemos elevar a Él nuestros afectos y nuestra confianza. Y en su presencia, debemos estar libres de toda duda, nerviosismo, preocupación o temor de que quiere engañarnos, decepcionarnos, transgredir su pacto o hacer algo malo. Hemos de estar convencidos hasta el punto en que podamos entrar en su presencia con total confianza y decir: «Dios será veraz, aunque todos los hombres sean mentirosos». El Dios de toda la tierra no puede hacer el mal; y cuando podamos pensar así en su presencia, habremos empezado a adorarlo.

La admiración

El segundo componente de nuestra adoración es la admiración.

Es posible respetar a una persona y no admirarla especialmente. Lo mismo es aplicable a Dios. Alguien puede sentir un respeto teológico por Dios que sea puramente académico, mientras al mismo tiempo no admire a Dios, o incluso sea incapaz de admirarlo. Pero cuando Dios hizo al hombre a su imagen, le dio la capacidad de apreciación, el poder de estimar y admirar a su Creador.

Uno de los mayores maestros bíblicos de su generación, el Dr. D. Watson, hablaba a menudo del amor que sentimos por Dios. Él enseñaba dos tipos de amor: el amor de la gratitud y el amor de la excelencia. Podemos amar a Dios porque le estamos agradecidos, o podemos superar ese grado y amar a Dios por ser quien es. Un niño puede amar a su padre o a su madre por gratitud, lo cual es correcto; desde luego, debe hacerlo. Unos años más tarde, cuando llegue a conocer a sus padres, o quizá cuando ellos ya no estén, recordará que los amaba también movido por el amor de la excelencia.

Hay algunas personas a las que se supone que amamos, pero sin excelencia. Usted debe amarlas con un amor infundido; no puede amarlas con un amor nacido de la excelencia de ellas mismas. El Dios todopoderoso es excelente, por encima de cualquier otro ser. Es excelente, de modo que este amor de la excelencia sobrepasa al amor de la gratitud. Los hijos de Dios raras veces superan el amor que sienten por Él por lo bueno que Dios ha sido con ellos. Pocas veces escuchamos a alguien que ora admirando a Dios y alabando su excelencia, y diciéndole hasta qué punto es excelente. Los salmos lo hacen, y Cristo también, como los apóstoles, pero hoy día no lo oímos mucho. Esta generación ha producido cristianos que son, principalmente, cristianos de Papá Noel. Buscan a Dios ansiosamente para colocar un árbol de Navidad lleno de regalos. Son agradecidos a Dios, y es bueno y correcto mostrar gratitud por todas las cosas que Él hace por nosotros, y todos los bienes, grandes y pequeños, que nos da. Sin embargo, este tipo de amor es inferior, elemental.

Más allá de este, tenemos el amor de la excelencia, con el cual podemos presentarnos ante Dios y no tener prisa por marcharnos, permaneciendo delante de Él, porque nos encontramos frente a la excelencia completa e infinita. Naturalmente, usted la admira, y este conocimiento puede crecer hasta que su corazón se haya elevado a la excelencia del amor y de la admiración.

La fascinación

El tercer componente que descubro en la adoración es la fascinación.

La fascinación debe estar llena de entusiasmo moral. Usted no puede leer la Biblia mucho tiempo sin descubrir que Dios fascinó a algunas personas. Se sintieron fascinadas por Él, llenas de un elevado entusiasmo moral. Sería difícil encontrar mucho de esto en la iglesia estadounidense promedio.

En todos los casos en que a Dios se lo conoce ciertamente mediante la iluminación del Espíritu Santo, surge la fascinación y el entusiasmo moral y elevado. Es una fascinación capturada, paralizada y arrebatada por la presencia y la persona de Dios. Fascinarse significa quedarse atónito y maravillado frente a la elevación, la magnitud inconcebible y el esplendor de Dios.

Para mí hay dos opciones: Dios o el agnosticismo. No conozco muchas iglesias que quisieran apuntarse a esa carrera frenética. No quiero formar parte de ningún grupo religioso en el que cada persona no es más que una pieza del engranaje: el pastor gira la manivela y, si todo sale bien al final del año, y no se ha producido un déficit, es que es buena persona. A mí no me interesa en absoluto nada de esto. Quiero empezar y acabar en Dios. Por supuesto, es imposible abarcar a Dios, el cual es infinito.

Muchos de los himnos de la Iglesia nacieron de esta admiración y esta fascinación en los corazones de los hombres.

«¡Oh, Jesús, Jesús, querido Señor, perdóname si digo, por amor, tu nombre mil veces cada día». Esto lo escribió un hombre, Fredrick W. Faber (1814-1863), fascinado por lo que vio. Admiró a Dios hasta quedarse encantado y anonadado frente a la maravilla de su elevación y su magnitud inconcebibles, y el esplendor moral de ese ser al que llamamos Dios.

La alabanza

El cuarto componente de la adoración es la alabanza.

La adoración es un calor blanco vuelto incandescente por el fuego del Espíritu Santo, y supone amar con todo la fuerza que llevamos dentro. Supone sentir, amar con temor, asombro, anhelo y reverencia. Me estremezco al ver que hay muchas personas en la Iglesia actual que hacen cosas relativas a la adoración que van directamente en contra de este espíritu de adoración. La adoración no puede ser fruto de la manipulación de un líder de alabanza.

Sí, es cierto que predican que Jesús murió por nosotros, y dicen: «Pues bien, si usted cree eso y lo acepta, todo irá bien». Pero no hay fascinación, ni admiración, ni adoración, ni amor, temor, asombro, anhelo, reverencia, hambre ni sed. Me pregunto si de verdad han conocido a Dios. ¿Cómo pueden conocerlo y no verse elevados a la atmósfera sagrada de la adoración?

Una pareja joven tiene su primer hijo y colocan en la cuna su pequeño cuerpecito, cálido, que mueve manos y pies. Aman a su bebé y seguirán haciéndolo. Lo aman porque está vivo. Nunca ha habido un muñeco, creado por un artista con gran talento, tan hermoso y semejante a una persona, que haya podido producir esa mirada asombrada y reluciente en los ojos de una pareja. Esto solo lo puede provocar un recién nacido. No tiene por qué ser guapo; basta con que sea su bebé, vivo y cálido. Hoy no se diferencia entre este cristianismo de «inserte su moneda» (que hoy día pasa por cristianismo auténtico) y el cristianismo de nuestros padres, donde las personas alababan a Dios con impresionante asombro y adoración.

El obispo James Usher solía bajar a la ribera del río los sábados y pasar la tarde de rodillas en la presencia de Dios, inmerso en una adoración formidable. El yerno de Jonathan Edwards, David Brainerd, se arrodillaba en la nieve y se concentraba hasta tal punto en la adoración, la oración y la intercesión que cuando acababa de orar, la nieve se había derretido en un amplio círculo a su alrededor. John Fletcher, el santo del metodismo, solía ponerse de rodillas en el suelo de su habitación vacía. Cuando hubo acabado su vida y partió a la presencia del Señor, descubrieron que sus rodillas habían dejado una huella en los tablones del suelo. Las paredes de su cuarto estaban manchados con su aliento, en los puntos donde había esperado en Dios y donde había adorado en la hermosura de la santidad.

Tengo mucho cuidado cuando uso el verbo «adorar». Me niego a decir de una persona: «¡Oh, la adoro!». Me gustan los bebés, y las personas, pero nunca los adoro. Personalmente, uso la palabra «adoración» solo en referencia a Aquel que la merece. En ninguna otra presencia, y ante ningún otro ser, puedo arrodillarme con temor, maravillado y anhelante, y sentir esa sensación de posesión que clama: «Mío, mío». Hay quienes tienen tanta ausencia de naturalidad espiritual que les parece incorrecto decir «mío».

He repasado algunos himnarios y en determinados casos he detectado que los editores han modificado los himnos de Wesley y de Watts. Sustituyeron los «yo», los «mí» y los «míos», y han puesto «nuestro». «Te amo, oh Dios» pasa a ser «Te amamos, oh Dios».

Como son tan modestos, no los imagino diciendo «yo», sin embargo cuando alaban a Dios exclaman: «¡Oh, Dios, tú eres mi Dios, de madrugada te buscaré!». Esto se convierte en una experiencia amorosa entre Dios y la persona. Sí hay un «yo» y un «tú».

Pablo era así, al igual que David, Isaías, Moisés y el resto. Yo deseo poseer a Dios; «Dios es mi Dios»; «el Señor es mi pastor, nada me faltará; en lugares de delicados pastos me hará descansar».

¿Se imagina lo que habría hecho un editor con este pasaje? «El Señor es nuestro pastor, nada nos faltará; en lugares de delicados pastos nos hará descansar». Es cierto que esto es unidad. Por consiguiente, todos nos echamos juntos, pero nadie posee nada que señale a un «yo». Usted puede decir «Dios y yo», y tendría sentido, pero también puede decir «nosotros y Dios» y pronunciar palabras vacías.

A menos que haya podido encontrarse con Dios en la soledad del alma, usted y Dios, como si no hubiera nadie más en el mundo, nunca sabrá lo que significa amar a otras personas.

Esta adoración es el deseo de derramarse a los pies de Dios; lo deseamos, queremos postrarnos a sus pies. Cuando intentaba huir del rey Saúl, David sintió un ramalazo de nostalgia y dijo: «Oh, si pudiera echar un trago del antiguo pozo de Belén, como cuando era niño». Uno de sus hombres, que buscaba un ascenso, fue hasta el pozo arriesgando su vida y le trajo agua a David. Este tomó la copa y dijo: «No puedo beber esto: es sangre. Esto te ha costado el resto de tu vida». Y derramó el agua como ofrenda a Dios.

David conocía bastante al Señor, tenía una confianza ilimitada en el carácter de Dios y había llegado a admirarlo y a amarlo por su excelencia. La consagración no es difícil para la persona que ha conocido al Señor. Esta persona insiste en entregarse plenamente a Dios.

La lista que he descrito —confianza, admiración, fascinación, alabanza— contiene estos factores con diversos grados de intensidad, por supuesto. Condicionan nuestros pensamientos, nuestras palabras y nuestras acciones. Están en todas partes y en todo momento, y reflejan la gloria que tuvo Cristo ante el mundo: «la gloria que me diste, yo les he dado, para que sean uno, así como nosotros somos uno» (véase Jn. 17:22 y ss.).

He leído sobre un ser que Dios creó, el cual andaba en medio de las piedras de fuego y estaba lleno de sabiduría y de belleza física (véase Ez. 28:14-16).

El Antiguo Testamento nos dice que en algún lugar, mucho más lejos de donde pueda llegar el cohete con más autonomía, Dios creó un querubín con ese propósito. Era una criatura creada sin vergüenza ni temor, que ardía en la presencia de Dios, cubriendo las piedras de fuego delante del trono. Se enamoró de su propia belleza, y Dios le dijo: «Eres impuro». La mayoría de maestros de la Biblia cree que se trata del diablo. Aquel ser fue creado para adorar a Dios, pero dirigió su alabanza hacia sí mismo, y Dios lo destituyó.

Lo que me preocupa es que, a menos que se produzca un verdadero avivamiento espiritual y Jesús tarde un poco más en volver, necesitaremos a misioneros de África o de la China para que reintroduzcan el cristianismo en Norteamérica. Dios no siente un cariño especial por naciones, edificios o denominaciones. Quiere que lo adoremos. Cuando la Iglesia pierde su amor, se enferma.

Nacemos para adorar y, si no adoramos a Dios en la hermosura de su santidad, hemos perdido el motivo para nacer. La adoración es una experiencia deliciosa, extraordinaria, humillante y maravillosa, que podemos disfrutar en diversos grados, y si usted tiene todas estas cosas, podrá vivir en medio de ella. Si es adorador, nunca tendrá que abandonar la Iglesia. Podrán cerrar el edificio y marcharse lejos, pero no habrá abandonado en absoluto la Iglesia, porque llevará su santuario dentro de su ser; nunca la dejamos atrás.

Si usted sabe que su corazón está frío, entonces aún no es un corazón duro; Dios no lo ha rechazado. Por lo tanto, si siente un anhelo interior, es porque Dios lo ha puesto allí. No lo ha puesto en su interior para burlarse de usted, sino para que usted pueda estar a la altura. Dios pone en su corazón el cebo del anhelo. No le da la espalda; lo coloca allí porque Él está esperándolo. Decida ahora mismo que va a superar esa forma de vivir espiritualmente fría.

Hay un himno maravilloso, que tradujo Juan Wesley, que expresa este pensamiento mejor que cualquier otra cosa que yo pueda imaginar.

Jesús, tu amor por mí sin límites
Paul Gerhardt (1607-1676)

Jesús, tu amor por mí sin límites
ningún pensamiento puede llegar, ni lengua declarar.

Te doy mi corazón agradecido,
para que reines sin rival allí.
Tuyo soy, tuyo soy.
Sé Tú solo la Llama constante en mí.

Oración

Padre nuestro, te alabamos porque tu corazón es ciertamente ilimitado. Nuestra maldad, gracias a ti, tiene grandes límites que ha establecido tu gracia, y se ve superada por la infinitud de tu amor. Concede a mi corazón una verdadera confianza en tu presencia. Te lo ruego en el nombre de Jesús. Amén.

9

El misterio de la verdadera adoración

En tu gloria sé prosperado; cabalga sobre palabra de verdad, de humildad y de justicia, y tu diestra te enseñará cosas terribles.

Salmo 45:4

Al analizar el tema de la adoración, nunca podré enfatizar lo suficiente que está rodeada de misterio, y bendito el cristiano que penetra en este y lo descubre. La adoración cristiana genuina no aumenta o disminuye según la voluntad del hombre, porque solo existe un objeto digno de la adoración humana: Dios.

Ojalá pudiera expresar con precisión la gloria de aquel a quien debemos adorar. Si pudiéramos expresar esos miles de atributos que habitan en la luz inmarcesible, donde ningún hombre puede verlo y seguir viviendo (Dios plenamente eterno, omnisciente, omnipotente y soberano), nos sentiríamos muy humillados. El pueblo de Dios no es tan humilde como debería serlo, y creo que esto se debe a que no vemos de verdad a Dios en su soberanía.

Se nos manda que adoremos al Señor, y me pregunto cómo podría ser que nosotros los cristianos cayéramos de rodillas ante un hombre para decirle: «Tu trono, oh Dios, es para siempre».

No existe ningún hombre ante quien yo pueda arrodillarme y llamarlo «Dios», con la única y suprema excepción del hombre Cristo Jesús, aquel a quien los profetas vieron en visiones, y a quien le dijeron: «Tu trono, oh Dios». Todo misterio está rodeado de cierta confusión. ¿Cómo podemos escapar de ese estado de confusión si existe un solo Dios y no otro? ¿Y cómo podemos decir que Jesucristo es un hombre y que se nos enseña que jamás adoremos a un hombre? ¿Cómo podemos arrodillarnos delante de Él para adorarlo? Aquí está el gran misterio. Permanezco de pie, descubierto ante él, me arrodillo, me descalzo frente a esta zarza ardiente y confieso que no lo entiendo. Este misterio envuelve mi corazón, y me inclino con reverencia y sumisión.

Dicho con sencillez, el misterio radica en que Dios y el hombre están unidos en una sola persona, no en dos. Todo lo que es Dios y lo que es el hombre se encuentran fusionados eterna, inexplicable e inseparablemente, en el hombre, Jesucristo. Cuando nos arrodillamos ante el hombre, Cristo Jesús, de hecho nos arrodillamos delante de Dios.

El Antiguo Testamento ilustra esto con la imagen de Moisés delante de la zarza ardiente. El fuego ardía en la zarza, pero esta no se consumía. Moisés instintivamente se arrodilló delante de la zarza y adoró a Dios. Él comprendió que Dios estaba en aquella zarza. Era una zarza normal y corriente hasta que la presencia del Padre la inundó y la hizo arder. Aquellos que no hubieran visto el fuego de la zarza podrían haber acusado a Moisés de idolatría, por no saber que el fuego al que él adoraba no era otro que Jehová.

Supongamos que hubiera habido algunos israelitas que conocían la enseñanza de Abraham de que solo hay que adorar a un Dios. Supongamos que hubieran visto a aquel hombre de rodillas ante una zarza, con el rostro entre las manos, ocultando la cara, pero no hubieran logrado ver el fuego. Hubieran dicho, y con razón: «¿Qué haces adorando una zarza? ¡Eres un idólatra! ¿No conoces lo que dicen las Escrituras?».

Por supuesto, Moisés no estaba equivocado. Conocía las Escrituras, pero también sabía lo que los otros ignoraban. Sabía que la zarza y el fuego estaban unidos y fundidos delante de él. En esencia, eran una sola cosa. La naturaleza de la zarza y la naturaleza de Jehová estaban unidas en un solo objeto. La zarza no se consumía, y Moisés no adoraba al arbusto, sino al Dios que habitaba en él. Por consiguiente, se arrodilló delante de la zarza.

Admito que esta es una ilustración imperfecta y no del todo adecuada; porque en cuanto el fuego se apartó de la zarza, esta volvió a ser un simple vegetal, y ningún hombre hubiera podido arrodillarse ante él y volver a adorarlo.

Aquella fue una imagen de la venida de Cristo. Cristo Jesús era realmente Dios, con todas las implicaciones de la deidad. Aunque Jesús era un hombre en el sentido perfecto del término, también era Dios en el sentido absoluto de la palabra. Jesucristo en el Nuevo Testamento es el equivalente a la zarza ardiente del Antiguo. La asombrosa diferencia es que la zarza ardiente fue una experiencia temporal, pero Jesucristo es tanto Dios como hombre por toda la eternidad.

Nunca ha habido una separación entre ambos, excepto durante aquel espantoso momento en la cruz, cuando dijo: «Dios mío, Dios mío, ¿por qué me has desamparado?». Él cargó con toda la masa terrible y putrefacta de nuestro pecado sobre su santa persona, y murió en el madero. Dios le dio la espalda, pero la deidad y la humanidad nunca se escindieron y siguen unidas hasta hoy en un solo hombre. Cuando nos arrodillamos ante ese hombre y decimos: «Señor mío y Dios mío, tu trono, oh Dios, es para siempre», hablamos con Dios, porque mediante el misterio de la unión *teantrópica* el hombre se ha hecho Dios, y Dios se ha hecho hombre en la persona del Hijo, Jesucristo.

A Él adoramos, asombrados y sumidos en el misterio. No adoramos al hombre, sino a Dios encarnado.

La fusión de la humildad y la majestad

Si no tuviera otro motivo por el que creer en la Biblia, creería en ella gracias al Salmo 45 y a Isaías 53. Vería cómo los profetas presagiaron, a una distancia de siglos, el gran misterio del llamado Cristo, a quien proclamaron. Aquellos hombres de Dios lo describieron como un ser radiante, hermoso, una deidad atractiva. Dijeron que era precioso, majestuoso, lleno de gracia, imponente, verdadero, humilde, justo, amante, gozoso y fragante. Agotaron el idioma humano al intentar expresar la opulencia de aquel a quien llamamos Cristo y, al cabo de un tiempo, hasta los profetas renunciaron a su intento por describirlo.

Si buscásemos en el diccionario palabras para describir algo o a alguien, yo me alegraría de caer de rodillas ante esto: Él es un rey imparcial y, sin embargo, está lleno de gracia. No es un rey aislado en su dignidad que mira por encima del hombro al resto del mundo, sino un rey lleno de gracia. Su gracia no reduce su majestad; Él es verdadero y manso. *La mansedumbre y la majestad*. Me gustaría escribir un himno o un libro sobre este tema, o quizá pintar un cuadro o componer una pieza musical sobre el tema de la mansedumbre y la majestad de Jesús. La mansedumbre y la majestad no suelen ir unidas. La mansedumbre fue su humanidad, y la majestad, su deidad. Fue un ser humano como cualquier otro, pero también era Dios, y en su majestad se presentó ante Herodes y Pilato. Y cuando descienda de los cielos, será revestido de su majestad, la majestad de Dios. Y aún así seguirá teniendo la majestad del hombre que es Dios.

Nuestro Señor Jesucristo es majestuoso y manso. Ante sus enemigos, resplandece en su majestad; ante sus amigos, se inclina con mansedumbre. Usted puede experimentar la faceta que prefiera. Si no elige la faceta mansa de Jesús, experimentará la majestuosa. Las prostitutas se acercaron a él, y los niños pequeños, los publicanos y los enfermos, la mujer con flujo de sangre y el endemoniado. Llegaron de todas partes, lo tocaron y descubrieron que era tan manso que su persona emanaba un poder que los sanó.

No creo que haya que ser muy imaginativo ni poético cuando hablamos de adorar al Señor en la hermosura de su santidad, si sabemos que estamos hablando de algo que complacerá a la hueste celestial.

Unidas en la persona de Cristo, hallamos la belleza y la maravilla de Dios, lo cual nos permite adorarlo en la hermosura de la santidad. El aspecto extraordinario de esta adoración es que podemos alabar a Dios donde esté Jesús. El lugar donde lo encontremos siempre será perfecto para adorarlo. No puedo explicar este misterio; solo puedo gozarme en él y arrodillarme ante esta zarza ardiente que es eterna.

La adoración portátil

¿Por qué cuando pensamos en la adoración imaginamos algo que hacemos cuando vamos a una iglesia? Pobre pueblo de Dios, que avanza a trompicones. Qué confundidos podemos llegar a estar, podemos pasarnos la vida sumidos en el desconcierto y morir confusos. Se escriben libros que nos confunden aún más, y escribimos canciones que confirman esos libros y nos confunden a nosotros y a otros, todavía más; y lo hacemos como si el único lugar donde pudiéramos adorar a Dios fuera una iglesia, a la que llamamos casa de Dios. Entramos en aquel edificio dedicado a Él, hecho de ladrillos, linóleo y otros materiales, y decimos: «El Señor está en su santo templo; que se doble toda rodilla delante de Él».

Personalmente, me gusta que de vez en cuando un culto empiece así. Pero no puede acabar ahí. Si llega el lunes a las nueve de la mañana, y usted no entra en su oficina y dice: «El Señor está en mi despacho, y todo el mundo guarda silencio delante de Él», entonces el domingo no estuvo adorando al Señor. Si no puede adorarlo el lunes, es que no lo hizo el día anterior. Si no lo adora el sábado, su adoración del domingo no es auténtica. Algunas personas meten a Dios en esa caja que es el edificio de la iglesia. Dios no está presente en esa iglesia, como tampoco lo está en su hogar. Dios no está en ningún lugar más de lo que está en la fábrica o en el despacho donde usted trabaja.

Cuando era joven, trabajé para la BF Goodrich Company en Akron, Ohio, donde fabricábamos neumáticos. Adoraba a Dios en mi cadena de montaje hasta que se me saltaban las lágrimas. Nadie vio jamás aquellas lágrimas ni me preguntó nada al respecto, pero yo no hubiese dudado en contarles su causa.

A medida que pasaba el tiempo y trabajé en diversos campos, todo se convertía automáticamente en pensar en otra cosa. Algunos se pasan el día soñando; yo adoraba. Llegué hasta el punto de poder hacer mi trabajo con habilidad mientras adoraba a

Dios. Él estaba en mi trabajo tanto como en mi iglesia. Por lo que a mí respecta, no había ninguna diferencia. Si Dios no está en su fábrica, si Dios no está en su tienda, si Dios no está en su despacho, entonces Dios no estará en su iglesia cuando usted acuda a ella. Cuando adoramos a nuestro Dios, los cánticos en la tierra hacen que resuenen los órganos celestiales.

Toda la vida, el ser humano por entero, deben adorar a Dios. La fe, el amor, la obediencia, la lealtad, la conducta y la vida; todas estas cosas deben adorar a Dios. Si hay algo en usted que no adore a Dios, entonces no hay nada en usted que adore a Dios muy bien. Si usted compartimenta su vida y permite que ciertas partes adoren a Dios pero otras no, entonces no adora a Dios como debiera. Caemos en un gran engaño si pensamos que una iglesia, o la presencia de la muerte o la sublimidad son los únicos entornos adecuados para adorar.

Usted lleva la adoración dentro de su corazón. Puede llevarla consigo a todas partes. He estado con personas que son muy espirituales cuando se encuentran en la cima de un monte mirando al vacío. Recuerdo que una vez me vi atrapado en una tormenta en las montañas de Pennsylvania, y se podía ver desde lo alto. No sé a cuánta distancia nos dijeron que estaba —creo que rondaba los ochenta kilómetros de donde estábamos—, pero desde allá arriba se veía un panorama impresionante. Nos apretujamos contra una roca mientras nos azotaba la lluvia y el granizo, que caían sobre nosotros con un ruido atronador. Nos agrupamos en torno al coche, al amparo de la roca, mientras aquella gran tormenta, con su furia blanca, caía sobre la montaña.

No tengo que experimentar una tormenta en la montaña para saber lo celoso que es Dios. Las estrellas y sus órbitas me lo dicen, y también el bebé que llora; la flor que se abre junto al camino lo declara, y la nieve blanda que vuela con el viento. No hace falta que se nos insista de una forma tan evidente para aceptarlo como cierto. Es un gran engaño pensar que, como captamos un sentido de lo poético en la presencia de una tormenta, al ver las estrellas o al estar en un monte, somos espirituales. Eso no es necesariamente cierto, en absoluto, porque los asesinos, los tiranos y los borrachos también pueden sentir algo así.

Nunca ha habido un borracho que, al volver en sí, no sintiera algo parecido; y nunca ha habido un tirano que, después de dar la orden de asesinar a una docena de personas, mientras volvía a su casa, no haya visto algo que le suscitase una adoración poética. Eso no es imaginación; es adoración, hermanos.

La adoración agradable a Dios satura todo nuestro ser. No existe una adoración agradable a Dios si en mí hay algo que le desagrade. No puedo compartimentar mi vida, adorar a Dios el domingo y no hacerlo el lunes. No puedo adorarlo con mis canciones y ofenderlo en mis relaciones laborales. No puedo adorar a Dios en silencio en la iglesia y molestarlo con mis actividades. No hay una adoración que realmente complazca a Dios si en nosotros hay algo que lo ofende.

Sin Jesucristo no hay nada bueno, y no me disculpo al decir que cuando usted adora debe ser de forma completa, abarcando toda su vida. Si usted no adora a Dios en todos los aspectos de su vida por igual, no lo adorará adecuadamente en ninguno de ellos.

La disciplina de la adoración

Aunque la adoración es un deseo natural de los cristianos, hay algunas disciplinas que debemos utilizar. Creo que la preparación personal es la esencia de nuestra adoración a Dios. Esa preparación no siempre es agradable y debe incluir ciertos cambios revolucionarios. Hay algunas cosas de su vida que es necesario destruir. El evangelio de Jesucristo no es solo constructivo, sino también destructivo, y erradica ciertos elementos de su persona que no deberían estar ahí y que impiden la adoración. El fuego en la zarza ardiente solo consumió las cosas que no debían estar allí. De igual manera, cuando cedemos a la actividad del Espíritu Santo, él comienza a deshacer esos elementos de nuestra vida que impiden la adoración. Esto es satisfactorio para nosotros y aceptable para Dios.

Orar en la naturaleza de Jesús

Por ejemplo, muchos obstaculizan su adoración al incluir la magia. Para determinadas personas, hay algunas palabras y frases hechas que llevan consigo cierta esencia mágica. En la fe y en el nombre de Jesús, no hay magia que valga. Recitar ciertas frases o incluso ciertos versículos de las Escrituras no tiene un efecto milagroso en nuestras vidas. Eso es lo que la Biblia llama «vanas repeticiones».

Algunos pueden pensar que adoran en nombre de Jesús, pero no necesariamente lo harán en la naturaleza de Jesús. *Nombre* y *naturaleza* son una sola cosa en la Biblia. Es imposible dividir a Jesús en nombre y naturaleza. Cuando pedimos algo en el nombre de Jesús, no quiere decir pronunciar el nombre «Jesús». Significa que estamos en conformidad con su naturaleza. Salmodiar el nombre «Jesús» carece de poder. Quien pida algo según la naturaleza de Cristo y de acuerdo con su Palabra podrá obtener lo que desea.

No puedo vivir contrariamente a la naturaleza de Jesús el

lunes, y luego esa misma noche, cuando me enfrente a una crisis y me arrodille, clamar al nombre de Jesús creyendo que ese nombre contiene alguna magia. Me sentiría decepcionado, desilusionado; porque si no vivo en ese nombre, tampoco puedo orar correctamente en ese nombre. Si no vivo según esa naturaleza, no puedo orar correctamente según ella. No podemos vivir conforme a nuestra naturaleza y adorar conforme a la del Señor. Cuando su naturaleza y la nuestra empiezan a armonizarse bajo la influencia del Espíritu Santo, comenzamos a sentir el poder de su nombre.

La Biblia enseña claramente: «...Mas nosotros tenemos la mente de Cristo» (1 Co. 2:16). Luego Pablo dice: «A quienes Dios quiso dar a conocer las riquezas de la gloria de este misterio entre los gentiles; que es Cristo en vosotros, la esperanza de gloria» (Col. 1:27).

El mismo misterio que unió a Jesús con Dios también nos une a nosotros con Jesús.

La adoración en todo lo que haga

Sé que el nombre de Jesús está muy por encima de los nombres de reyes, reinas, arcángeles, presidentes y primeros ministros. Está por encima de Moisés, Aarón y todos los que han sido honrados en el mundo entero. Sé que «...en el nombre de Jesús [debe doblarse] toda rodilla, y toda lengua [debe confesar] que Jesucristo es el Señor, para gloria de Dios Padre» (Fil. 2:10-11). Y que descenderá de los cielos y llamará a las naciones de la Tierra, y estas vendrán delante de Él, y Él será su Juez supremo. También sé que no podemos aprovecharnos de ese nombre usando una magia religiosa y retorcida. Tenemos que vivir en ese nombre. Usted no podrá descansar hasta que cada área de su vida descanse en Dios, y todo lo honre.

¿Sus negocios honran a Dios? ¿O trabaja para usted mismo? Si su trabajo no honra a Dios, no creo que usted viva para Él y lo honre. Si su negocio no honra a Dios, usted no podrá honrarlo. Usted compra y vende. Reduce gastos, empuja, vocifera, pero no puede agradar a Dios de ninguna manera.

¿Qué hay de su relación con el sexo opuesto? ¿Cómo podemos adorar a Dios si nuestra relación con el sexo opuesto hace que Dios se sienta ofendido? No soy mojigato, pero creo que nuestra relación con los demás debería ser recta y pura en todos los sentidos.

Me pregunto sobre las relaciones en su vida familiar y estudiantil, y sobre su uso del dinero y del tiempo. ¿Todo ello complace a Dios? Algunos piensan que el tiempo es suyo y que pueden hacer con él lo que quieran. Su tiempo no es suyo; pertenece al Dios que creó el tiempo.

Si Dios le concede unos años más de vida, recuerde que no serán suyos. Su tiempo debe honrar a Dios, su hogar también, su actividad debe honrarlo, y todo lo que hay en usted debe hacer lo mismo.

Si quiere morir en paz con Dios, tendrá que vivir con rectitud; y si quiere ser recto cuando sea anciano, tendrá que serlo cuando es joven.

Usted no adorará bien en el lugar que sea hasta que adore a Dios bien en cualquier lugar. Si no puede adorarlo en la cocina, no podrá adorarlo audiblemente en la iglesia.

Qué terrible es la idea actual de que los cristianos pueden servir a Dios según les convenga. ¿Parecemos los seguidores de Aquel que no tuvo un lugar donde reposar su cabeza hasta que la descansó sobre la cruz para morir? Si no es así, significa que necesitamos tiempo para prepararnos, probarnos y tomar decisiones. Gracias a Dios, aún hay tiempo; no sé cuándo se nos llamará a concluir nuestra vida, pero ahora hay tiempo.

La adoración no es un foco que apunte a una faceta de la vida. La verdadera adoración, la adoración agradable a Dios, es irradiada a través de toda la vida de una persona.

Oración

Oh Dios, nos humillamos ante el Misterio que nos une contigo. Te adoramos no de acuerdo con nuestro entendimiento, que es limitado, sino en Espíritu y en verdad. Te honramos dentro de nuestros corazones, nos inclinamos ante esa sagrada zarza que arde, y ocultamos nuestros rostros con temor reverente. En el nombre de Jesús, amén.

10

LA MORADA NATURAL DE DIOS

*Mas la hora viene, y ahora es, cuando los verdaderos adoradores
adorarán al Padre en espíritu y en verdad; porque también el
Padre tales adoradores busca que le adoren.*

JUAN 4:23

La verdadera adoración está acorde con la naturaleza de Dios.
Con esto quiero decir que adoramos a Dios conforme a quien
Él es, y no de acuerdo con lo que no es. El espantoso error de
la idolatría, y el motivo de que Dios la odie tanto, es porque es
una adoración a lo que Dios no es. Acerca de los samaritanos,
dijo: «Vosotros adoráis lo que no sabéis; nosotros adoramos lo
que sabemos...» (véase Jn. 4:22). La salvación era de los judíos
no porque fueran mejores que otros pueblos, sino precisamente
porque no lo eran. Sus profetas dijeron claramente que eran
peores que otros pueblos, pero Dios quiso revelarles la verdad y
transmitirles los oráculos. Mediante esta revelación, Dios hizo
posible que Israel adorase conforme a la naturaleza del Padre.
Y Jesucristo, nuestro Señor, dice que Dios es Espíritu, por eso
adoramos conforme a esa naturaleza divina.

A la luz de esto, debemos tener en cuenta que Dios no se ve
afectado por los atributos de la materia, como el peso, el tamaño

o el espacio. Un cristiano bien enseñado sabe que el gran Dios no se ve afectado por el espacio y que Él lo contiene en su seno. El cristiano bien informado sabe que a Dios no le afecta la velocidad. Dios llega a todos los puntos. Dios es Espíritu y no se ve afectado por la ubicación, de modo que no se encuentra en un lugar donde usted pueda llegar y luego marcharse; Dios está a nuestro alrededor y contiene el espacio, de tal modo que no está más cerca de un sitio que de otro. Es un gran consuelo saber que Dios está tan cerca de un punto como lo está de otro.

Como Dios nos hizo a su imagen, hay una parte de nosotros que es como Él. El alma humana se parece más a Dios que cualquier otra cosa que se haya creado y mantiene una correspondencia única con el Creador.

¿Cómo puede ser esto? Hay mucho pecado en este mundo, muchas cosas que nos parecen impías. La respuesta sencilla es el pecado. El hecho de que el hombre haya caído no significa que no retenga la luminosidad de la semejanza de Dios. Al Señor le resulta fácil restaurarnos y redimirnos porque, habiéndonos hecho a su imagen, tiene material con el que trabajar.

Veamos una ilustración sacada del Antiguo Testamento. Supongamos que un alfarero está elaborando una hermosa vasija de arcilla. Mientras da vueltas en el torno, en la masa se introduce un poco de arena o una piedrecita, y la vasija se deshace. Allá la tenemos, rota, inútil ya. Pero el material del que está hecha sigue allí, aunque ya no se parezca en nada a una tetera, aunque ya no tenga arte alguno, y a pesar de que el alma del artista no habite en ella porque la pieza se ha roto sobre el torno. Sin embargo, al alfarero no le cuesta mucho tomar de nuevo ese material, quitarle las partes sucias y convertirlo en otra vasija. Si estuviera trabajando el hierro, no podría hacerlo, ni tampoco si labrase la piedra; pero con el barro sí puede hacerlo, porque es el material con el que trabaja. Aunque se rompió, él puede restaurarlo usando el mismo material.

Dios nos hizo a su imagen; y aunque ya no tengamos claro cuál es esa imagen de Dios, sabemos que el alma humana está relacionada con Él, a quien responde. Durante la tentación en el Edén, la humanidad se rompió, perdió su cualidad artística, la belleza, la santidad de Dios. Pero no perdió el potencial de volver a parecerse al Artista Divino si cae en sus manos.

Este es el propósito de la redención: tomar el material del hombre caído y, mediante el misterio de la regeneración y de la santificación, restaurarlo de manera que sea como Dios y como Cristo. Por eso predicamos la redención. En esto consiste: no solo nos libera del infierno, aunque eso es algo que consigue; lo más importante es que logra que volvamos a parecernos a Dios.

¿Cómo tiene lugar este proceso?

Ore en el Espíritu

Primero, nadie puede adorar sin el Espíritu Santo. Dios es espíritu; el Espíritu Santo es el espíritu de Dios y, por consiguiente, es el único que puede dirigir adecuadamente el corazón para adorar a Dios conforme a Él le agrada. La mente humana caída no sabe cómo adorar a Dios aceptablemente, de modo que el Espíritu Santo toma la mente humana caída, la dirige, corrige, purga y guía de tal modo que adore a Dios. Por eso es extremadamente importante que conozcamos al Espíritu Santo.

A menudo he sentido el deseo de ponerme de rodillas y pedir disculpas al Espíritu Santo por el modo en que lo ha tratado la Iglesia. Lo hemos tratado muy mal. Lo hemos tratado de tal forma que, si usted tratase de este modo a un invitado, este se marcharía entristecido para no volver jamás. Hemos tratado miserablemente al Espíritu Santo. Él es Dios mismo, el vínculo entre el Padre y el Hijo, y la sustancia increada, que es la deidad. Sin embargo, el Espíritu Santo suele quedar ignorado en la iglesia típica, incluso en la evangélica.

Si tenemos una doxología para comenzar el culto, cantamos: «Alabado sea Dios, de quien fluye toda bendición; alábenlo todas las criaturas de la Tierra; alábenlo las huestes celestiales; alabados sean el Padre, el Hijo y el Espíritu Santo». Se menciona al Espíritu Santo. Si usamos una bendición para concluir el culto, decimos: «El amor de Dios Padre y la comunión del Espíritu Santo...». Volvemos a tener al Espíritu. Aparece al principio del culto y al final. Aparte de esto, no tenemos en cuenta su presencia. Hablar del Espíritu Santo no es lo mismo que honrarlo en nuestra adoración.

¿Cuántos son los que acuden a la iglesia un domingo teniendo en cuenta que el Espíritu Santo estará presente? ¿Cuántos creen realmente que el Espíritu Santo les habla? ¿Cuántos confían en que el Espíritu Santo adopte una voz humana y les hable a través de alguien? ¿Que adoptará un oído humano para escuchar a través de él?

La idea de que todo el mundo puede ofrecer adoración es falsa. Pensar que podemos adorar ignorando al Espíritu es un error. Arrinconar al Espíritu en una esquina e ignorarlo, apagarlo, resistirle y, sin embargo, adorar a Dios adecuadamente es una tremenda herejía, que necesita ser corregida. Solo el Espíritu Santo sabe cómo adorar a Dios de forma correcta.

En el libro de Romanos, descubrirá que el Espíritu Santo es el único que sabe cómo orar. «Y de igual manera el Espíritu nos ayuda en nuestra debilidad; pues qué hemos de pedir como conviene, no lo sabemos, pero el Espíritu mismo intercede por nosotros con gemidos indecibles. Mas el que escudriña los corazones sabe cuál es la intención del Espíritu, porque conforme a la voluntad de Dios intercede por los santos» (8:26-27). En nuestras oraciones, incluiremos balbuceos y repeticiones hasta que el Espíritu Santo las tome, las purgue, las limpie y las haga aceptables a Dios por medio de Jesucristo, nuestro Mediador.

Por lo tanto, es imposible orar sin el Espíritu. Las oraciones más poderosas son las que se hacen en el Espíritu, y no podemos adorar sin el Espíritu Santo. O lo ignoramos o lo explotamos para nuestro placer y entretenimiento. Creo que ya es hora de que volvamos a plantearnos el lugar que ocupa el Espíritu Santo en la Iglesia de nuestro Señor Jesucristo. Debemos replanteárnoslo de nuevo a la luz de las Escrituras, porque sin el Espíritu Santo somos como Israel cuando seguía adorando a Dios después que el fuego hubo abandonado el lugar santo, cuando ya no había *shekiná*, gloria, fuego, luz ni Presencia. Sin embargo, Israel siguió adorando en vano, inútilmente. Lo triste es que siguió adorando, olvidando que el Espíritu de la adoración lo había abandonado hacía mucho.

La espiritualidad es uno de los ingredientes de la adoración, y sin espiritualidad, por mucho que yo adore, no puedo adorar a Dios de una forma que le resulte aceptable. Si no es una adoración aceptable, entonces es inútil y es mejor no llevarla a cabo.

Ore con sinceridad

El segundo ingrediente de la adoración es la sinceridad, que no es lo mismo que el formalismo o la duplicidad. Tenemos ejemplos extremos y terribles de esta última, de los que nos informaron nuestros misioneros. Ellos nos hablaron de los paganos que adoraban a su dios, mientras al mismo tiempo, les gustaba engañarlo.

Usted no tiene que acudir a una sociedad pagana para ver esto. Algunos de nosotros nos hemos endurecido mucho en este sentido. Hacemos promesas a Dios que no tenemos intención de cumplir, pensando que así podemos sacarle lo que queramos. Creemos que podemos engañar al Señor, y cruzando los dedos, Él no nos oirá, no se dará cuenta.

Tenemos que ser totalmente sinceros si queremos adorar a Dios, pero la sinceridad no equivale al formalismo. No sé si algo que se haga puramente por formalismo tiene algún sentido. Es posible asistir a un ritual religioso y no saber siquiera qué hacemos o por qué; sencillamente, gesticulamos sin sentido y repetimos palabras y frases vacías.

El Señor señaló a un niño pequeño y dijo que era un ejemplo. Creo que lo mejor de un niño pequeño es su sinceridad absoluta. Da igual las cosas vergonzantes que pueda decir; un niño siempre es totalmente sincero. Y es esta sinceridad la que debemos cultivar en oración si queremos que el Dios todopoderoso acepte nuestra adoración.

Qué espantoso es pasarse la vida haciendo ofrendas al Todopoderoso que nunca son aceptadas. Caín hizo su ofrenda al Todopoderoso, pero Dios no respondió ni quiso aceptarla, y el rostro de aquel se entristeció.

Ore con honestidad

La honestidad es el tercer ingrediente. Debemos incluirla en todas nuestras oraciones, y no es lo mismo que el simple decoro.

Supongo que la honestidad y la sinceridad son hermanas gemelas, inseparables, aunque en realidad estén separadas y no sean idénticas. Pero ante Dios debemos manifestar una honestidad completa. Si me pongo de rodillas y oro diciendo: «¡Oh, Señor, te ruego que alcancemos nuestro presupuesto para las misiones», y el Señor sabe que no voy a dar nada para contribuir a ellas, sabe que no estoy orando honestamente.

Si oro diciendo: «Señor, salva a este hombre», pero nunca he hecho nada para llevarle el evangelio, soy deshonesto. Si le pido a Dios cosas que yo podría hacer, mi oración no es honesta. Pero hemos utilizado tantos eufemismos para ocultar esto que casi nos escandaliza oírlo. A pesar de ello, es cierto.

Ore con sencillez

En cuarto lugar, debemos adorar con sencillez, en lugar de recurrir a la sofistería y a la sofisticación.

He oído a personas formular oraciones que eran realmente sencillas, casi vergonzosamente simples. Nacían de un corazón tan sencillo que uno podía pensar que, quizá, les faltaba profundidad intelectual. Pero no existe ninguna incompatibilidad entre la capacidad intelectual y la sencillez de corazón. Jesucristo, nuestro Señor, era tan sencillo que en sus relaciones personales era muy directo. La simplicidad lo era todo para nuestros viejos amigos los cuáqueros, que vivieron hace varias generaciones.

Cuando los cuáqueros ingleses se presentaban ante el rey, no se quitaban sus sombreros de ala ancha, porque pensaban que eso suponía atribuir demasiado respeto a un hombre. Delante de Dios harían lo que fuera, pero insistían en no descubrirse ante nadie, y muchos fueron a parar a la cárcel por este motivo.

Personalmente, no creo que quitarse el sombrero tuviera nada de malo; yo lo habría hecho. Desde luego, hacerlo no supone adorar a nadie; pero la idea es que ellos hicieron lo que creían, y Dios los honró por vivir conforme a su fe. Sencillez, una sencillez absoluta. Usaban pronombres antiguos y se llamaban Mary y John (independientemente de cuál fuera su verdadero nombre). Ellos enseñaban a la Iglesia de Cristo cómo ser sencilla.

Si alguna vez fuéramos quebrantados, enfrentándonos de repente a la muerte o alguna otra tragedia o terror, nos veríamos obligados a ver lo antinaturales que somos, distintos a lo que debemos ser. Hemos vivido como los leones del zoológico, no como los leones que viven en las sabanas de África. Estamos atrapados en nuestra civilización.

Antes de orar o de adorar a Dios, debemos ser sencillos. Usted debe adorar a Dios con sencillez; y me da igual quién o qué sea usted, debe ser sencillo.

Para adorar a Dios aceptablemente, hace falta tener sencillez y humildad. La mayoría de nosotros somos media docena de personas. Yo tengo cuatro o cinco reputaciones. Para algunas personas soy una cosa, para otras soy otra, y supongo que a todos nos pasa igual. Cuando intentamos vivir a la altura de nuestras reputaciones, siempre nos resulta difícil, y constantemente nos metemos en problemas.

Ore desde el corazón

Por lo tanto, la verdadera adoración debe ser interna, no externa. Debemos dar gracias a Dios desde lo más hondo de nuestro corazón por el hecho de no necesitar ningún aparato para adorarlo. Usted puede adorar a Dios en espíritu y en verdad desde lo más profundo de su corazón, igual que los ángeles en la gloria pueden adorar a Dios. Usted no tiene por qué tener nada; no tiene por qué morir sosteniendo un crucifijo, ni cualquier otro artefacto religioso.

Para un corazón que adora, cualquier objeto puede tener sentido, y si el corazón no adora, nada lo tendrá. Una alianza de boda puede significar mucho para una mujer, pero solo porque cree que le dice algo sobre un hombre, no porque tenga un valor intrínseco. Si la pierde mientras se lava las manos, se entristecerá, pero no perderá a su esposo, no perderá su amor ni tampoco aquello que representaba el anillo. Puede comprarse otra alianza. Por consiguiente, la adoración es algo interno.

Mi adoración personal dice algo de Dios y de mí. Puedo adorar de una manera veraz, porque hay algo cierto entre Dios y yo. Si después de varios años de ir a la misma iglesia llego a asociarla con la adoración a Dios, es un resultado natural, psicológico, un reflejo condicionado. Pero no quiere decir que si no vuelvo a frecuentar esa iglesia o si aquel edificio se quema, no pueda adorar a Dios.

Creo que ya es hora de que las personas iluminadas comiencen la ardua tarea de reformar la adoración cristiana. Y, a medida que empecemos a comprenderla de nuevo dentro de la Iglesia de Cristo, creo que nos aportará un avivamiento.

Volvamos a nuestro pasaje: «Y deseará el rey tu hermosura; e inclínate a él, porque él es tu señor».

El alma es un vacío con forma de Dios. Llevando esta idea un paso más allá, yo diría que su alma es como una prenda de ropa con forma de Dios, como un guante hecho para encajar en su mano. Dios no puede entrar porque está lleno de inmundicia. Intente en alguna ocasión llenar el guante de otras cosas, y luego pruebe ponérselo; no podrá. Antes de poder meter la mano en el guante, tiene que estar vacío.

Antes de que Dios pueda entrar en el corazón, este debe estar vacío. Por eso frente al altar, en las oportunidades para evangelizar y orar, y cuando invitamos a las personas a hacer las paces con Dios, insistimos en vaciarnos a nosotros mismos. Su alma es como una prenda con forma de Dios, y Dios quiere vestirse de ella. Pero no puede entrar, por estar llena de inmundicia. Escudriñe su corazón y descubra cuánta basura ha ido acumulando con el paso de los años. Cuánta basura moral, intelectual, cuántos hábitos inútiles, cuántas costumbres, cosas que hace o que no, que piensa o que se priva de pensar. Debemos vaciar el alma de todo eso.

Me gustaría decir que he encontrado una nueva vía, pero no existe ninguna vía nueva. Vacíe la basura que tiene en su alma, entréguese a Dios en el nombre del Señor Jesucristo, y Él lo llenará, vendrá a usted y se vestirá de usted. Dios no usaría ropa sucia, Él quiere llevar puesto vestiduras puras.

Una vez vacíos de todo, debemos limpiarnos. Solo la sangre del Cordero puede lograr que esa alma vacía sea limpia para que Dios pueda entrar en ella. Un alma vacía y limpia es la morada natural de Dios. Por eso, pidamos a Dios que nos limpie. Es posible que nos vaciemos, pero no podemos limpiarnos solos.

Si en su vida hay algo que impide que Dios entre en ella, debe quitarlo. Pero si después de haberse vaciado sigue sucio, nunca podrá limpiarse sin ayuda. Solo Dios puede hacer eso, mediante la sangre del pacto eterno, mediante el fuego del Espíritu Santo y la disciplina de la obediencia. Dios limpia a su pueblo y lo deja blanco y puro gracias a la sangre del Cordero.

Todo el que entienda de aves sabrá que existe lo que se llama «hábitat natural». Usted no va a un pantano en busca de un zorzal de bosque; no, usted se adentra en un bosque fresco al caer el sol. Una vez allí, espera al anochecer y vendrá el zorzal. Muy flojito al principio, y luego más fuerte y más audaz a medida que crecen las sombras, escuchará su flauta encantadora en la oscuridad. Sin embargo, el zorzal nunca irá al pantano.

Si desea escuchar el sonido del mirlo de alas escarlatas, no va a un bosque fresco al atardecer, no; se acerca a las marismas, donde las espadañas yerguen sus tallos pardos. Allí encontrará al mirlo. Si quiere escuchar el canto de un cardenal rojo, no irá al bosque ni tampoco al pantano; irá a su propio patio trasero, donde estará la avecilla, muy alegre. Esto es lo que se llama hábitat natural.

Creo que el Espíritu Santo tiene un hábitat natural. Con esto quiero decir un lugar donde se siente a gusto, donde se hace escuchar o sentir; es donde puede hablar y vivir. Ese hábitat natural no es otra cosa que el alma del hombre.

Usted se preguntará cómo puede ser eso. Es porque Dios hizo esa alma a imagen de Él, y Dios puede habitar en su propia imagen sin que resulte escandaloso. De la misma manera que el mirlo canta entre las espadañas, igual que el conejo salta entre el brezo, y del mismo modo que el zorzal de bosque canta invisible en los límites de la floresta por la noche, el Espíritu Santo quiere entrar en su alma para vivir en ella. No quiere pasar solo el fin de semana ni ser un invitado que esté por un tiempo, sino convertir su alma en su morada permanente.

Solo el pecado puede impedir esto, motivo por el cual la adoración y el pecado son incompatibles. Por eso usted no puede abordar el asunto de la genuina adoración mientras omite el tema del pecado. No puede adorar a Dios si el pecado inconfeso reina en su corazón. «He aquí, yo estoy a la puerta y llamo; si alguno oye mi voz y abre la puerta, entraré a él, y cenaré con él, y él conmigo» (Ap. 3:20). Aquí tenemos la imagen de Jesús en su casa, viviendo con usted. «Entraré en ti. Tú estarás en mí, y yo en ti». Jesús desea estar en la casa de su amigo, en su casa.

Su alma es un guante con forma de Dios. Él quiere entrar en ella, pero está llena de basura. Líbrese de esos desperdicios y ya no tendrá que rogar a Dios que entre.

Las bombillas eléctricas antiguas se fabricaban de tal manera que en un extremo incluían una pequeña prolongación. Cuando se le extraía el oxígeno, se formaba el vacío. Cuando yo era niño, solía tomar un par de alicates y romper esa prolongación; se producía un sonido restallante cuando de repente más de un kilo por centímetro cuadrado de presión atmosférica entraba en aquella bombilla. No había que meterse en la bombilla y arrodillarse, rogando: «Por favor, atmósfera, te ruego que entres». Lo único que había que hacer era eliminar aquella obstrucción, y la atmósfera entraba en la bombilla. La naturaleza aborrece los vacíos.

El alma humana es un vacío, y lo hemos llenado de inmundicia. Por lo que respecta a Dios, solo tenemos que vaciarla para que Él entre en ella, la limpie y la llene. No para nosotros, sino para Él mismo; y no hace falta que nadie se lo ruegue. Lo más natural de este universo es que el Creador habite en el alma de los hombres.

El hogar
Gerhard Tersteegen (1697-1769)

Tú, que das de tu alegría
hasta que rebosa la copa,

copa de la que bebe el peregrino,
cansado, para la sed saciar,
no cerca de mí, sino en mi alma,
alienta tu gozo divino;
Tú, oh Señor, has hecho tu morada
en este corazón.

Oración

Dios eterno, que habitas en los cielos sobre nuestras cabezas, nos inclinamos humildemente ante ti pensando, emocionados, en tener comunión contigo. Te damos las gracias por haber sido suficiente para nosotros. En ti se han saciado nuestros corazones sedientos. Amén.

EL DERECHO DE CRISTO
A RECIBIR ADORACIÓN

Yo os conjuro, oh doncellas de Jerusalén, si halláis a mi amado,
que le hagáis saber que estoy enferma de amor. ¿Qué es tu amado
más que otro amado, oh la más hermosa de todas las mujeres?
¿Qué es tu amado más que otro amado, que así nos conjuras?
Mi amado es blanco y rubio, señalado entre diez mil. Su cabeza
como oro finísimo; sus cabellos crespos, negros como el cuervo. Sus
ojos, como palomas junto a los arroyos de las aguas, que se lavan
con leche, y a la perfección colocados. Sus mejillas, como una era
de especias aromáticas, como fragantes flores; sus labios, como
lirios que destilan mirra fragante. Sus manos, como anillos de
oro engastados de jacintos; su cuerpo, como claro marfil cubierto
de zafiros. Sus piernas, como columnas de mármol fundadas
sobre basas de oro fino; su aspecto como el Líbano, escogido como
los cedros. Su paladar, dulcísimo, y todo él codiciable. Tal es mi
amado, tal es mi amigo, oh doncellas de Jerusalén.

CANTAR DE LOS CANTARES 5:8-16

Este pasaje de Cantar de los Cantares es una parábola de nuestra relación con aquel llamado «el Pastor». El escritor se recrea en los detalles maravillosos de esa relación. Nuestro Señor es el Pastor; la Iglesia redimida es su bella Esposa. En una hora de necesidad, esa Esposa dice a las doncellas de Jerusalén entre las que habita:

«Si encuentran a mi amado, díganle que estoy enferma de amor». Naturalmente, ellas preguntan: «¿En qué sentido tu amado es más que otro amado, para que nos pidas semejante cosa?».

Es una pregunta legítima, y el mundo tiene derecho a preguntárselo a la Iglesia. Si esta insiste que el Señor es merecedor y un amante digno, entonces el mundo tiene derecho a preguntar qué tipo de amado es. ¿Por qué tenemos que glorificarlo? «¿Qué es tu amado más que otro amado...?».

Hay otros que se presentan candidatos para la admiración y la adoración del mundo, de modo que, ¿por qué este? ¿Qué cualidades tiene que lo hagan digno?

Señor de todo

En el libro de Salmos, David habla de esto: «Rebosa mi corazón palabra buena; dirijo al rey mi canto; mi lengua es pluma de escribiente muy ligero. Eres el más hermoso de los hijos de los hombres; la gracia se derramó en tus labios... Mirra, áloe y casia exhalan todos tus vestidos; desde palacios de marfil te recrean» (Sal. 45:1-2, 8). Este salmo es una descripción arrebatada de este rey pastor que enamora a la joven esposa. Si formulásemos a Pedro esta pregunta, él diría: «Es el Señor de todo».

El propósito y el centro de nuestra adoración no es otro que el propio Señor, nuestra justicia, el Señor Jesucristo. Él es Señor de todo, y para poder adorarlo en justicia debemos saber de qué es Señor y por qué debemos amarlo.

Esta es una consideración justa. ¿Por qué es más que cualquier otro hombre? Además, ¿por qué debemos adorarlo? Podemos adorar a Jesucristo hombre sin caer en la idolatría, porque Él también es Dios. Mediante el misterio de la unión *teantrópica*,

Él ha unido la humanidad con la deidad. Jesucristo es divino y humano en naturaleza, y ha llevado la humanidad ante Dios porque Él mismo es Dios. Por lo tanto, Jesús pudo decir sin mentir que «quien me ha visto a mí, ha visto al Padre» (Jn. 14:9).

Tenemos confianza en que, cuando adoramos al Señor Jesús, no desagradamos al Padre, porque adoramos al Padre en Él. Este es el misterio de la unión hipostática, que nos vincula para siempre con Dios por medio del Señor Jesucristo.

Voy a dividir el tema para que podamos comprenderlo mejor. Empecemos con un himno maravilloso de Oliver Wendell Holmes (1809-1894):

Señor de todo ser, en lo alto encumbrado,
tu gloria reluce en el cielo estrellado;
centro y potencia de cualquier esfera,
¡mas cercano te muestras al corazón que espera!

El escritor de este himno no dijo: «Señor de todos los seres», sino «Señor de todo ser», que es algo menos y algo más. Él es el Señor de toda existencia. Es el Señor de todo tipo de seres, el Señor de todos los seres espirituales y los naturales, así como los físicos. Es el Señor de toda existencia, y cuando lo adoramos, abarcamos a todos los seres.

Algunos se entregan a las disciplinas de la ciencia, la tecnología, la filosofía, el arte y la música. Cuando adoramos al Señor Jesucristo, abarcamos todas las disciplinas, porque Él es el Señor de todas ellas. Por lo tanto, Él es Señor de toda existencia y enemigo de toda inexistencia. Es el Señor de toda vida.

Esto es fundamental para entender correctamente que Jesucristo es el Señor de toda vida: «(porque la vida fue manifestada, y la hemos visto, y testificamos, y os anunciamos la vida eterna, la cual estaba con el Padre, y se nos manifestó)» (1 Jn. 1:2).

Carlos Wesley entendía esto y lo expresó en su himno inmortal «Cariñoso Salvador»:

Otro asilo no he de hallar,
indefenso acudo a Ti;
voy en mi necesidad
porque mi peligro vi.
Solamente Tú, Señor,
puedes dar consuelo y luz;
a librarme del temor
corro a Ti, mi buen Jesús.

Señor de la creación

Él es el Señor de toda forma de vida, por eso es el Señor de todas las posibilidades esenciales de la vida.

La creación está repleta de muchos tipos de vida. En primavera brotan los capullos y prometen una floración en todo el mundo. Él es el Señor de ese tipo de vida. La primavera trae de vuelta a las aves, hace que salgan de sus madrigueras los conejos, y usted puede ver la vida animal por doquier. Este es otro tipo de vida, y Él también es Señor de ella.

Luego tenemos la vida intelectual: la vida de la imaginación y la razón. Él es Señor de este tipo de vida.

Tenemos también la vida espiritual, y Él es Señor de esa clase de vida. Es el Señor de los ángeles, de los querubines y de los serafines. Por lo tanto, es el Señor de toda vida y el Señor de todos los tipos de vida.

Por lo tanto, como respuesta a la pregunta «¿Por qué es tu

amado más que otro amado?», podemos decir con confianza: «Porque es Señor de todo».

Señor de la sabiduría

Además, el Espíritu Santo dice: «Él es Señor de toda sabiduría». Toda sabiduría eterna radica en Jesucristo como un tesoro escondido, y fuera de Él no hay sabiduría alguna. Todos los propósitos eternos de Dios se encuentran en Él, porque su sabiduría perfecta le permite planificar de antemano. Toda la historia es el desarrollo lento de sus propósitos.

Esto resulta difícil de justificar a la luz del mundo que nos rodea. Hoy lo único que vemos son los trabajadores en plena acción. Vemos a los operarios que trabajan en los andamios externos, y las cosas no tienen un aspecto muy atractivo. Los edificios que están en fase de construcción no poseen la belleza que tendrán cuando estén acabados.

Tanto si lo saben como si no, esos operarios hacen la voluntad de Dios y consiguen que sucedan cosas. Es posible que los trabajadores individuales no tengan en mente la imagen final, solo la del área en la que trabajan en ese momento; sin embargo, hacen que el proyecto avance hacia su conclusión final, cumpliendo la voluntad del contratista. Incluso el diablo, sin saberlo, cumple la voluntad de Dios. Dios crea a los hombres malos tanto como a los buenos, y todas las cosas, adversas o favorables, cooperan para manifestar su gloria aquel día en que todo se cumpla en Él (véase Ro. 8:28).

Señor de justicia

Además, Él es el Señor de toda justicia, de todos los conceptos de justicia y de todas sus posibilidades. Él es la sabiduría y la justicia, y no hay forma de escapar a su dominio. Ningún libro que pueda leer sobre ética cristiana o cualquier otro tipo de ética puede decirle nada que Él no sepa, algo de lo que aún no sea Señor. Está escrito: «Tu trono, oh Dios, es eterno y para siempre; cetro de justicia es el cetro de tu reino. Has amado la justicia y aborrecido la maldad; por tanto, te ungió Dios, el Dios tuyo, con óleo de alegría más que a tus compañeros» (Sal. 45:6-7).

Cuando el sumo sacerdote del Antiguo Testamento entraba en el Lugar Santísimo para ofrecer sacrificios una vez al año, llevaba una mitra en su cabeza. En esa mitra estaban grabadas las palabras hebreas «santidad al Señor». Este Jesucristo, nuestro Señor y sumo sacerdote, es justo, y es el Señor de la justicia.

Él también es Señor de toda misericordia, y por ella establece su reino sobre todos los rebeldes.

Primero, tiene que redimirlos, ganarlos para sí y renovar su espíritu dentro de ellos; y Él hace todo esto. Él es el Señor de toda misericordia y todo poder, y transforma a los rebeldes conforme a su justicia.

Señor de la hermosura moral

Dios puso algo en el pecho del ser humano que lo capacita para comprender y apreciar la belleza. Puso en nosotros el amor por las formas armoniosas, el amor y la apreciación por el color y los sonidos hermosos. Todo el mundo siente este amor. También puso en nosotros el amor por las formas morales de la línea y el color. Todas las cosas que resultan hermosas para el ojo y el oído son solo las contrapartidas externas de esa belleza interna, que es la belleza moral.

De Jesucristo nuestro Señor dijeron que en Él no había hermosura para que lo deseáramos. Los artistas han retratado a Jesús con un rostro tierno y femenino, ojos claros y hermosos y una expresión franca y encantadora, con cabellos ensortijados que descienden hasta sus hombros. Se han olvidado por completo de que la Biblia dice que en Él no hubo atractivo alguno para que lo deseáramos.

Se han olvidado de que cuando el sumo sacerdote quiso crucificar a Jesús, tuvieron que idear una forma para reconocerlo. Judas Iscariote no dijo: «Cuando lleguemos allí, elijan al que tiene un rostro femenino, bucles hasta los hombros y un rostro luminoso». Allí estaban todos, con sus cortes de pelo típicos de los judíos, sus vestiduras hebreas, todos parecidos. Por eso, Judas tuvo que proporcionar una pista a los soldados: «Prendan a aquel a quien yo bese». Los soldados no podían reconocer a Jesús. Cuando Jesús vino, Judas pasó delante de Pedro, Juan, Felipe y el hombre rico, besó a Jesús y dijo: «Este es el hombre».

Si Jesús hubiera sido tan hermoso físicamente como lo pintan, ¿por qué hubiera sido necesario traicionarlo con un beso? Sencillamente, no tuvo ese aspecto; en Él no había belleza alguna como para que lo deseáramos.

La hermosura de Jesús que ha encandilado a la humanidad durante los siglos es esa belleza moral que incluso sus enemigos admiten. Friedrich Nietzsche, el gran filósofo alemán, tal vez el máximo nihilista y uno de los mayores anticristos que haya vivido en este mundo, murió golpeándose la cabeza contra el suelo de su celda. Una vez dijo: «Ese hombre, Jesús, me gusta, pero Pablo no». No le gustaba la teología ni tampoco saber cómo ser salvo, ni oír hablar de la necesidad de un nuevo nacimiento. En concreto, objetaba la justificación por fe. Sin embargo, en Jesús había algo tan atractivo que no podía evitar que le agradase.

Por lo tanto, en el Señor Jesucristo hay belleza moral, y Él es el Señor de toda la hermosura de forma y textura morales. Él es el Señor de todas ellas.

A medio camino entre el cielo y el infierno

El pecado hirió al mundo y lo convirtió en un lugar sin armonía, sin simetría; también llenó el infierno de fealdad. Si usted ama las cosas hermosas, es mejor que se mantenga alejado del infierno, porque este será la quintaesencia de todo lo moralmente horrible. El espíritu de las cosas determina la manifestación externa de ese espíritu, y creo que el infierno será el lugar más espantoso de toda la creación de Dios. Cuando los hombres rudos dicen de algo que es «más feo que el pecado» o que el infierno, usan una comparación correcta y válida.

El cielo es el lugar de las cifras armoniosas. El cielo es el lugar de los encantos, el lugar de la belleza, porque Aquel que reúne toda belleza mora en ese lugar. Él es el Señor de toda belleza, y la Tierra está situada entre el espanto del infierno y la hermosura del cielo. La Tierra está entre ambos lugares, y en ella podemos ver el contraste entre la fealdad y la belleza.

¿Por qué es así? ¿Por qué hay luces y sombras? ¿Por qué hay fealdad y belleza? ¿Por qué hay tanto bueno como malo? ¿Por qué hay cosas agradables y otras trágicas, con las que resulta difícil vivir? Se debe a que la Tierra está a medio camino entre la hermosura del cielo y la fealdad del infierno.

Usted podría preguntar: «¿Por qué hay personas capaces

de hacer lo que hacen?». La respuesta es: Porque están a medio camino entre el cielo y el infierno.

El Señor de todas las cosas y su Esposa

¿Hay algún cristiano que no se haya visto herido por otro cristiano, quien quizá era un cristiano verdadero? ¿Cómo puede ser que un hombre se arrodille un día y ore con fervor, pero al día siguiente hiera a otro cristiano? Porque estamos a medio camino entre el cielo y el infierno. Usted y yo debemos ser rescatados de este lugar. El Señor de la hermosura salva a su pueblo de la fealdad del pecado.

Nuestro Señor Jesucristo vino al mundo para salvarnos del horror del infierno y llevarnos a un cielo de hermosura.

El Antiguo Testamento nos ofrece la historia de un hombre llamado Isaac. Su padre Abraham pidió a su siervo que fuese en busca de una esposa aceptable para su hijo (véase Gn. 24). Con la ayuda del Espíritu Santo, aquel siervo anciano se dirigió al pueblo que le había señalado Abraham y allí encontró a una joven. La Biblia nos dice que era muy hermosa. Su nombre era Rebeca, y seguramente era hermosa, porque al siervo le indicaron que hallase a una mujer que fuera atractiva físicamente.

Isaac es un tipo de nuestro Señor Jesucristo. Dios Padre envió al Espíritu Santo entre los pueblos del mundo para obtener una Esposa para Cristo, una digna de Él. La importancia de la Esposa radica en el Esposo. Ella carece de valor propio, debido a que este depende de su relación con el Esposo. Jesucristo es el Esposo y es digno de nuestro amor, nuestra adoración y nuestra alabanza gozosa.

Rebeca no era más que la hija de su padre. Pero cuando la llevaron a Isaac, asumió una identidad nueva: la identidad de su prometido. Ahora, nuestra identidad está en nuestro Esposo. Ya hemos olvidado nuestra identidad pasada, junto con todas sus obligaciones. Nuestro Esposo es ahora nuestra identidad, y nada de nuestro pasado tiene ya importancia. La Esposa no solo adopta la identidad del Esposo, sino también su nombre. Desde ahora y para siempre, será conocida por ese nombre.

Este Pastor y Esposo es digno de nuestro afecto y merece que nosotros dejemos todo atrás y lo aceptemos como nuestro Señor.

Oración

Oh Dios, nos inclinamos ante ti con gran humildad y adoptamos tu nombre y tu naturaleza. Todo lo que hay en nuestro pasado queda olvidado gozosamente, y todo nuestro futuro está centrado en ti. Te aceptamos como nuestro Pastor y Esposo y te agradecemos eternamente que el Espíritu de Dios, en su misericordia, nos haya buscado y llevado hasta ti. No deseamos otra cosa que a ti. Amén.

12

LA AUTENTICIDAD
DE LA PROPIEDAD

Mas del Hijo dice: Tu trono, oh Dios, por el siglo del siglo; cetro de equidad es el cetro de tu reino. Has amado la justicia, y aborrecido la maldad, por lo cual te ungió Dios, el Dios tuyo, con óleo de alegría más que a tus compañeros.

HEBREOS 1:8-9

Durante los primeros años de mi ministerio, si no hubiera podido orar pidiendo cosas a Dios, me habría muerto de hambre, arrastrando conmigo a mi esposa y a mi familia. Por eso creo en pedir cosas. Creo que podemos afirmar las promesas de Dios para satisfacer nuestras necesidades diarias. Pero el cristianismo consiste en algo más que en eso, que en realidad representa la parte menos importante. Hay demasiadas personas dominadas por la idea de obtener cosas de Dios hasta tal punto que no piensan en nada más.

En la vida cristiana, hay muchas cosas aparte de obtener dádivas de Dios. Nuestra relación personal con Jesucristo es lo más importante de nuestra vida y se define en la adoración que ofrecemos a Dios. Lo importante es el objeto de nuestra adoración; y para el cristiano, este no es otro que Dios, el Padre de nuestro Señor Jesucristo. Debido a la importancia crucial que esto tiene, debemos saber a quién adoramos.

Las Escrituras nos enseñan que Él es el Señor de toda sabiduría, y el Señor y Padre de todos los siglos. No es el «Padre eterno», como dicen algunas versiones, sino «el Padre de todos los siglos». Este Padre extiende los siglos como lo haría un arquitecto con unos planos originales, o como un promotor inmobiliario diseñaría una pequeña ciudad para luego construir cientos de casas en ella. Por supuesto, Dios no trata con edificios ni proyectos locales. Trata con los siglos, y es el Señor de toda sabiduría. Como es perfecto en su sabiduría, puede hacer esto, y la historia no es más que el desarrollo lento de sus propósitos.

Un plan para los siglos

Pensemos en una casa en plena construcción; el arquitecto ha dibujado hasta el punto y la cruz más pequeños. Sabe todo lo que hay que saber sobre ella, la estudió a fondo; y al pie del plano escribió su nombre. Ahora el plano ya está acabado, y lo entrega al promotor, que contrata al electricista, el plomero y los demás. Comienza el proceso de construcción. Al principio, el proyecto no parece muy prometedor. Si usted visita el solar, se preguntará qué saldrá de todo aquello. En aquel momento, no se parece a nada. Es un auténtico caos, mientras la pala de la excavadora, de aspecto amenazador, practica un agujero y arroja la tierra a un lado o en camiones que se la llevan. En otro punto, hay camiones que descargan ladrillos, y todo parece un conglomerado confuso de unas cosas y otras.

Vuelva al cabo de seis, ocho o diez meses, y se encontrará con una casa estupenda, sin que haya ni rastro de la confusión que hubo durante su construcción. Ya han trabajado en ella los paisajistas, colocando en su sitio, junto a las ventanas, los árboles perennifolios con sus pequeñas agujas verdes. Todo tiene un aspecto muy hermoso.

El orden que nace del caos

Ahora hemos de creer que el Padre de los siglos eternos, el Señor de toda sabiduría, ha establecido su plan y avanza hacia un objetivo predeterminado. Lo único que vemos hoy día es una Iglesia confusa y dolorida, angustiada por divisiones y rota por las herejías. Vemos cómo, en un lugar del mundo, ha reincidido en sus actos previos; en otro se encuentra sumida en el caos, y nos encogemos de hombros mientras preguntamos qué es todo esto y quién está detrás. La respuesta es: el Señor de los siglos; Él es quien lo establece todo, y lo que usted ve ahora no es más que la excavadora que escupe vapor, el camión repleto de ladrillos, nada más. Solo ve a los obreros, vestidos con sus overoles, yendo de un lado para otro. Solo ve personas, y las personas lo enferman por hacer lo que hacen, por ser lo que son. Para alguien que no entiende, todo parece ser un caos absoluto, una confusión desbocada, como si nadie estuviera al mando.

Reincidimos, vamos dando tumbos de un lado a otro, nos confundimos y corremos tras fuegos fatuos, pensando que se trata de la gloria *shekiná*. Escuchamos ulular a un búho y pensamos que es una trompeta angélica, y salimos disparados en la dirección equivocada y nos pasamos un siglo persiguiéndonos la cola. Vuelva dentro de uno o dos mil años y verá lo que ha hecho el Señor con esta situación. Da lo mismo el aspecto caótico que tenga, porque Dios tiene maneras de conseguir que todo redunde para su gloria. Él es el Señor de toda sabiduría, y la historia no es otra cosa que el desarrollo lento de sus propósitos.

Me alegro de estar de parte de algo tan bueno, de saber que

en algún punto del universo hay algo bueno. A pesar de las apariencias, por detrás de toda la confusión de nuestro mundo, hay un Señor de toda sabiduría que lo dispone todo de acuerdo con sus caminos y en el momento que desea.

Yo no podría ser un eterno optimista. Nací diferente. Para haber sido un filósofo optimista, que cree que todo lo que sucede está bien, tendría que haber tenido no solo un padre y una madre diferentes, sino antepasados distintos en las diez generaciones anteriores. No puedo creer que todo esté bien, no creo que sea cierto. Hay muchas cosas que no están bien, y lo vemos por todas partes. Más vale que lo admitamos: la maldad prevalece en tantos frentes que sería imposible ignorarla.

Algunas personas religiosas intentan ignorar lo negativo y concentrarse en lo positivo. Nos aconsejan que, si queremos hacer camino en esta vida, hemos de ignorar las cosas negativas de nuestro día a día y concentrarnos en las positivas; y al final, lo positivo pesará más que lo negativo.

Pero si usted toma la Biblia como guía, verá que entre nosotros no habita la justicia. Si cree que sí lo hace, súbase a un autobús, en cualquier parte donde haya personas, y descubrirá que, por muy anciano o achacoso que sea usted, siempre habrá alguien que le dé un golpe en las costillas o, como mínimo, recibirá un codazo de alguna ama de casa que se dirige a su hogar. Cuando a uno le clavan un codo en el costado, le resulta un poco difícil concentrarse en lo positivo. Y la verdad es que las personas no son buenas. Entre las primeras cosas que aprendemos a hacer, se cuentan cosas malas, desagradables. La primera palabra que aprende a decir un bebé es «no». El pecado está por todas partes.

Conecte la radio y pruebe buscar un programa educativo o cultural, y lo único que oirá serán canciones sobre automóviles, cigarrillos y sexo. Si no fuera por las malas noticias que transmite la radio, las ondas se sumirían en un glorioso silencio. Este mundo en el que vivimos no es bueno. Usted puede hacerse protestante, pero eso no le ayudará mucho. Puede ser estadounidense y jactarse de los derechos que le concede la Constitución, pero eso tampoco le ayudará.

Enderezar lo que está mal

Sin embargo, cuando usted se vincula con el Señor de la gloria, está conectado con la justicia. Él es la justicia personificada, y toda posibilidad de justicia se resume en Él. «Mas del Hijo dice: Tu trono, oh Dios, por el siglo del siglo; cetro de equidad es el cetro de tu reino. Has amado la justicia, y aborrecido la maldad, por lo cual te ungió Dios, el Dios tuyo, con óleo de alegría más que a tus compañeros» (He. 1:8-9).

En este mundo tan turbulento y caótico, no debemos ceder al desespero, porque disponemos de un Salvador perfectamente justo. Lo demostró con la vida que llevó entre las personas de su época. Durante su vida y su ministerio terrenales, sus enemigos lo espiaron enviando a personas a que investigaran su vida, para intentar atraparlo en algún error. ¿Puede imaginar qué hubiera pasado si Jesús hubiese cometido un error o hubiera perdido los nervios en algún momento? Todos los ojos agudos y voraces del infierno estaban pendientes de Él, para atraparlo en algún comentario dudoso. Cuando casi había llegado al fin de sus días, se volvió hacia ellos y les dijo: «¿Cuál de vosotros puede acusarme de pecado?». Nadie respondió.

En ocasiones, me gustaría predicar sobre la misericordia; creo que nunca lo he hecho. Por supuesto, he insertado este tema en todos mis sermones, pero nunca he hablado exclusivamente de la misericordia del Señor Jesucristo. Nuestro Señor ve lo malos que somos, pero no lo toma en cuenta, porque Él es el Señor de toda misericordia. En su gran amor, acepta a rebeldes, y hace suyas a personas injustas, pecadoras, las afirma en justicia y renueva un espíritu de rectitud dentro de ellas. Su justicia se convierte en la nuestra, y del caos nace el orden divino. Esta es la Iglesia, una comunidad de creyentes, y Él es su Señor. Él es el Señor todopoderoso.

En el Nuevo Testamento, encontramos una contrapartida a Cantar de los Cantares:

> Después de esto oí una gran voz de gran multitud en el cielo, que decía: ¡Aleluya! Salvación y honra y gloria y poder son del Señor Dios nuestro; porque sus juicios son verdaderos y justos; pues ha juzgado a la gran ramera que ha corrompido a la tierra con su fornicación, y ha vengado la sangre de sus siervos de la mano de ella. Otra vez dijeron: ¡Aleluya! Y el humo de ella sube por los siglos de los siglos. Y los veinticuatro ancianos y los cuatro seres vivientes se postraron en tierra y adoraron a Dios, que estaba sentado en el trono, y decían: ¡Amén! ¡Aleluya! Y salió del trono una voz que decía: Alabad a nuestro Dios todos sus siervos, y los que le teméis, así pequeños como grandes (Ap. 19:1-5).

Esto no es un caso de histeria, sino de éxtasis; hay una diferencia. La histeria se basa en la emoción, manipulada por estímulos externos, pero el éxtasis se fundamenta en un misterio que ilumina el interior de la naturaleza humana. Esto es el éxtasis. Valdría la pena estar en una mina de sal en la isla de Patmos si uno pudiera tener una visión como esta.

La redención de todo lo perdido

Hace años, leí uno de los mejores libros que se haya escrito de su clase, *Los miserables*, de Víctor Hugo. En mi opinión, este contiene uno de los pasajes más tiernos y llenos de patetismo que he leído en toda mi vida. Habría que acudir a la Biblia para hallar palabras que causen una emoción tan profunda. Habla de la historia de un joven, perteneciente a la clase superior de la nobleza, y de la mujer también noble de la que está enamorado. También habla de una muchacha pálida, una golfilla de las calles de París, vestida con harapos, con el rostro blancuzco propio de una tísica. Ella también ama al noble, pero no se atreve a decirlo. El joven recurría a ella para que le llevara y le trajese notas de su prometida, y nunca se le pasó por la cabeza que aquella pobre muchacha de rostro enjuto, vestida de harapos, hubiera rendido el corazón ante él y su nobleza. Cuando lo descubrió, fue a buscarla para ver qué podía hacer por ella y la encontró tumbada en su lecho de harapos en un piso de la zona más pobre de París.

Esta vez la joven no puede incorporarse para recibirlo o para llevar una nota a su prometida. Él le dice:

—¿Qué puedo hacer por ti?

Ella le responde:

—Me estoy muriendo. Dentro de poco habré fallecido.

—¿Qué puedo hacer? Dímelo, ¡lo que sea!

Y ella responde:

—¿Harías una cosa por mí antes de que cierre mis ojos por última vez? Cuando ya haya muerto, ¿podrías besar mi frente?

Sé que esto es fruto de la brillante imaginación de Víctor

Hugo, pero él había visto escenas así en París. Había recorrido los barrios bajos, había visto cosas así y conocía estas situaciones. Hugo sabía que se podía maltratar a una joven, vestirla con harapos, inocularle la tuberculosis y adelgazarla tanto que el propio viento pudiera desviarla de su camino cuando avanzara por una calle mugrienta. Pero no se le podía quitar del corazón aquello que la hacía amar a un hombre.

Dios dijo a Adán: «Y dijo Jehová Dios: No es bueno que el hombre esté solo; le haré ayuda idónea para él» (Gn. 2:18). Y Dios creó a una mujer para que fuese compañía idónea para el hombre; eso es algo que nadie puede arrebatar a la naturaleza humana. Víctor Hugo lo sabía cuando escribió su novela clásica. Dentro de la naturaleza humana, están plantados el deseo y la necesidad de amar.

Nuestro Señor Jesucristo descendió y encontró así a la raza humana: tuberculosa, macilenta, pálida y moribunda, y cargó sobre sí toda la muerte de los hombres, resucitó al tercer día y llevó consigo todo el patetismo y la angustia de la vida. Ahora la humanidad yace en los brazos de su Amado. Entra a la presencia de Dios, y Él la presenta no como una pobre desgraciada miserable cuya frente besó cuando estaba ya muerta, sino como su Esposa, feliz y de mirada radiante, para ser copartícipe con todos los santos, digna de estar junto a Él como su Esposa en toda su gloria. ¿Qué autoridad tiene ella, qué derecho para entrar en la presencia de Dios?

En el Antiguo Testamento, encontramos una ilustración de esto. Abraham envió a su siervo, en quien confiaba, para buscar y traer una esposa para su hijo Isaac. Aquel siervo estaba autorizado para adornarla con joyas, como regalo de su prometido. Era el símbolo de la aceptación por parte de la novia. Ahora bien,

¿cómo podría Isaac conocer a su prometida? ¿Qué iba a distinguirla de las demás? La conocería por las joyas que llevase puestas. Él las había enviado y, cuando ella regresara con ellas puestas, la reconocería gracias a sus adornos. Por eso, las Escrituras nos dicen que Isaac aceptó a Rebeca y la convirtió en su esposa.

El Señor de la gloria envió al Espíritu Santo en Pentecostés para buscar una esposa y la conocerá por las joyas que ella lleve puestas.

¿Y cuáles son esas joyas?

Sin duda, son el fruto del Espíritu. Amor, gozo, paz, templanza, bondad, etc. La conocerá por las cosas que Él mismo le ha concedido. Cada uno de los frutos del Espíritu responde a la naturaleza de Cristo. Él mira en nuestra vida, ve lo que reconoce como suyo propio y lo acepta.

Quizá la joya más radiante sea la de la adoración, ese esplendoroso y radiante espíritu de adoración que posee la Esposa de Cristo. Es algo profundamente arraigado en la naturaleza humana. Ni siquiera la depravación de la maldad del hombre puede destruir ese impulso que nos lleva a adorar. Cuando Dios ve esa adoración, purificada por el Espíritu y por su sangre, responde y la reconoce como propia.

Nuestro Señor Jesucristo conocerá a su Esposa. Sabe quién es usted, gracias a las joyas que Él le ha concedido. «Y deseará el rey tu hermosura; e inclínate a él, porque él es tu señor».

La escritora de himnos irlandesa Jean Sophia Pigott (1845-1882) entendió esto y entregó al mundo la esencia de su gozo en Cristo.

Jesús, en ti reposo,
en el gozo de quien eres;

y descubro la grandeza
de tu corazón clemente.
A ti pides que yo mire,
tu hermosura es mi contento,
pues tu poder que transforma
es de mi alma el fundamento.

Estas son las marcas que llevamos y que dotan de autenticidad nuestra pertenencia a este «Señor y Padre de todos los siglos».

Oración

Oh Dios y Padre nuestro, te damos las gracias por Jesucristo, tu Hijo. No hemos hecho nada que podamos recordar que no nos avergüence. No hemos hecho nada de lo que no debamos avergonzarnos. No tenemos nada —nuestra mente, nuestros cuerpos, nuestras almas y nuestro espíritu; nada hemos hecho— excepto lo que tú nos has concedido. No nos avergonzamos de lo que nos has dado. Nos alegramos de ello y agradecemos profundamente tus joyas, que adornan nuestras vidas; esas joyas muestran al mundo a quién pertenecemos. En el nombre de Jesús, amén.

13

El Señor de nuestra Adoración

Mas vosotros sois linaje escogido, real sacerdocio, nación santa,
pueblo adquirido por Dios, para que anunciéis las virtudes de
aquel que os llamó de las tinieblas a su luz admirable.
1 Pedro 2:9

¿Qué propósito tiene la iglesia local? ¿Por qué es necesaria?

Según la Biblia, la iglesia local existe para hacer de manera conjunta lo que todo cristiano debe hacer individualmente durante toda la semana; es decir, adorar a Dios y manifestar las excelencias de Aquel que nos ha llamado de las tinieblas a su luz admirable; reflejar la gloria de Aquel que brilló sobre nosotros, de Dios, de Cristo y del Espíritu Santo. Todo lo que Cristo ha hecho por nosotros en el pasado, y todo lo que hace ahora, conduce al mismo fin. Hoy día no se enseña mucho que es Dios quien nos salva. Creemos que somos salvos por diversas razones.

Si usted preguntase al cristiano medio por qué fue salvado, podría responderle refiriéndose a la paz mental o a la capacidad de haber dejado el tabaco. Si fuera un hombre de negocios, podría decir que buscó al Señor Jesús como ayudador, porque su empresa iba mal y quería que Jesús fuera su socio. Tenemos muchas otras razones, y no quiero ser demasiado duro con estas personas. En el Nuevo Testamento, cada uno se acercó al Señor por muchos motivos diferentes. Un hombre vino porque su hijo estaba enfermo. Una mujer vino porque la enferma era su hija. Otra mujer acudió porque durante los últimos doce años había padecido una enfermedad crónica. Un político trepó a un árbol y miró a Jesús porque le dolía el corazón; y Nicodemo acudió al Señor de noche porque su religión no le servía de nada y porque tenía el corazón vacío. Y el Señor los recibió a todos, como recibe a todo aquel que se acerca a Él con fe hoy, aunque sus motivos no sean los más elevados.

La cuestión es: ¿Por qué debemos quedarnos siempre donde empezamos? ¿Por qué la Iglesia debe ser una escuela espiritual formada por alumnos de primer grado que nunca cambian de curso? Nadie quiere seguir adelante, y no me importa decir que empieza a cansarme esta situación. Me parece un concepto espantoso y confuso del cristianismo.

El Señor Jesucristo murió en la cruz para convertir a su pueblo en adoradores de Dios. Para eso nacimos, para poder manifestar las excelencias de aquel que nos llamó de las tinieblas a su luz admirable. «Adóralo, porque Él es tu señor». Veremos ese propósito cumplido —la adoración—, cuando todo haya concluido, cuando haya tenido lugar la consumación de los tiempos. Los seres vivientes, los ancianos y las criaturas debajo del mar, sobre la tierra, bajo ella y en los cielos, claman a una voz: «¡Santo, santo, santo, el Señor Dios todopoderoso, que era, y es y será!». El propósito de Dios es redimirnos, incluirnos en el coro celestial para que cantemos sus alabanzas y manifestemos sus excelencias mientras pasan los siglos. Este es el propósito de Dios en la redención.

Él ha hecho por nosotros, y sigue haciendo, lo que siempre ha hecho; todo conduce a un solo fin, y todo lo que hagamos debería acercarnos a este. Debemos armonizar nuestras ideas con el Señor de la Iglesia. Esto quiere decir que usted debe armonizar todos sus pensamientos, toda su filosofía del cristianismo, todo su concepto de lo que es la Iglesia, con el Señor de la Iglesia y sus enseñanzas.

El gran designio de la Iglesia

Las personas religiosas son muy ruidosas, hablan mucho y son muy activas. Pero la actividad porque sí no es de Dios. Lo primero que deberíamos rechazar es la idea de que la iglesia es un club social. Una iglesia debe mantener ciertos compromisos sociales y también cierta comunión, pero no somos un club social. Tampoco somos un foro de debate sobre los acontecimientos actuales. A menudo tendemos a leer alguna revista y luego despegar como un avión, usando como pista lo que acabamos de leer. Sin embargo, no somos un foro donde debatir las noticias de actualidad ni un teatro religioso donde artistas aficionados manifiesten sus talentos. No somos ninguna de estas cosas.

Somos un pueblo santo, real sacerdocio, generación santa, llamada de las tinieblas para manifestar la gloria de Aquel que nos sacó de ellas. Deberíamos dar los pasos que fueran necesarios para cumplir nuestro elevado destino como Iglesia del Nuevo Testamento. Hacer menos que eso supone fracasar por completo, fallar a Dios y también a nuestro Señor Jesucristo, quien nos redimió. Significa fallarnos a nosotros mismos y a nuestros hijos. Supone fallarle al Espíritu Santo, que procede del corazón de Jesús para llevar a cabo una obra en nosotros. Esa obra es necesaria para hacer de nosotros un pueblo santo, un pueblo santificado que sea espejo del Todopoderoso que refleja la gloria del Dios altísimo.

¿Por qué es importante esto? Por la sencilla razón de que si una iglesia local de una generación no alcanza su gran destino —la adoración—, la siguiente generación de esa iglesia abandonará la fe por completo. Es así como llegamos al liberalismo. Muchas iglesias son la prueba de que la generación anterior le falló a Dios, y como resultado la generación actual sucumbe al liberalismo y no predica en absoluto la Palabra. Como no tienen el Espíritu de Dios sobre ellos y carecen de líderes bautizados en el fuego, necesitan compensarlo de alguna manera. Por eso, se sostienen a base de actividades sociales y sin perderse nada de lo que suceda en el mundo. Pero como iglesia, han fracasado, ya no lo son. La gloria los ha abandonado.

Si pudiéramos ver la nube que se cierne sobre nuestras iglesias, aquella nube que una vez pendió sobre el campamento israelita en el desierto, podríamos identificar fácilmente a las iglesias que actúan de acuerdo con su naturaleza espiritual. Si se nos permitiera ver el fuego de noche y la nube de día, que penden como una pluma sobre las iglesias que complacen a Dios, me pregunto cuántas veríamos que testifican al mundo que son la morada de Dios. En lugar de eso, quizá viéramos solo monumentos repartidos por el campo.

No debemos aceptar una iglesia como es o como la encontramos. Debemos confrontarla con la Palabra de Dios para comprobar si es como debería ser. Luego, con reverencia y en silencio, lentamente pero con seguridad, con paciencia y amor, debemos conseguir que vuelva a parecerse a la del Nuevo Testamento, para ver si es así como sería si el Espíritu Santo se complaciera en ella.

Y cuando eso sucede, el Espíritu Santo empieza a brillar como luminarias en la iglesia. Eso es lo que anhela ver mi corazón.

Viva conforme al propósito para el que fue creado

Para los cristianos profesos, si no cumplimos el propósito con el que Dios nos creó, es mejor que nunca hubiéramos nacido.

Qué tremendo e inexpresablemente trágico es ser para siempre un vaso roto. Es trágico que Dios haya hecho de mí un jarrón donde poner las flores del paraíso, el lirio de los valles y la rosa de Sarón, una vasija sencilla de arcilla que desprendiera una fragancia que llenara todo el universo de Dios; y que luego yo haya permitido que ese jarrón se hiciera pedazos en el suelo, y no pudiera usarse para el propósito que Dios le había dado.

Es tremendamente trágico ser un arpa sin cuerdas, tener la forma y el aspecto de un cristiano, pero carecer de cuerdas que pueda tañer el Espíritu Santo.

Qué espantoso es ser una higuera estéril, que no tiene más que hojas y carece de fruto.

Jesús salió de Jerusalén con sus discípulos y encontró una higuera; tenía hojas, pero cuando se acercó al árbol vio que no tenía frutos. Por naturaleza, en las higueras aparecen los higos antes que las hojas. Cuando aparecen en escena las hojas, es su forma de decir a todo el mundo: «¡Vengan, aquí hay fruto!»; y, según la naturaleza del árbol, los higos deberían haber brotado antes que las hojas. Pero en este caso, eran las hojas las que habían brotado primero, invirtiendo el orden. Cuando Jesús se acercó, separó las hojas y quiso tomar un higo, resultó que no había frutos. Se volvió a sus discípulos y les dijo que observaran aquel árbol. A partir de ese momento, no volvería a dar fruto jamás; lo maldijo, y el árbol se secó de la copa a la raíz.

No hay nada más terrible que una higuera estéril, tener la forma y el aspecto de un cristiano, pero no llevar fruto. Ser una estrella que no brilla; ser como esos hombres solemnes y espantosos descritos en 2 Pedro y en la pequeña epístola de Judas. Pensemos en las estrellas oscuras, que no brillan, y en las nubes sin lluvia. Qué terrible ser un espejo roto del Todopoderoso, cuyo propósito conferido por Dios era el de atrapar la luz hermosa del Señor y reflejarla a todo el universo. En lugar de eso, hay un espejo resquebrajado, roto, que no puede reflejar nada. Por eso Dios lo desaprueba y lo expulsa del huerto del Edén. Qué horrible es ser consciente de esto durante toda la eternidad.

Lo más espantoso de los seres humanos es nuestra conciencia: somos conscientes de las cosas. Si no fuera por nuestra conciencia, nada podría dañarnos.

El rico que murió y se encontró en el infierno era consciente de que estaba allí y sabía que sus hermanos no lo estaban, pero no tardarían en llegar. El infierno no lo sería de no mediar la conciencia. Si los habitantes del infierno estuvieran en coma, no sería infierno.

Hoy día el diablo está muy ocupado dentro del ámbito de la psicología y de la psiquiatría, y se ha hecho con muchos hombres que usan frases que tomaron prestadas de Freud y de los demás, para decirnos que no deberíamos permitir que la conciencia del pecado nos agobie, porque eso crea un complejo de culpabilidad. No deberíamos dejar que la religión nos inquiete mucho.

En cierta ocasión, a un gran director de una importante institución mental que llevaba muchos años al cargo, le dijeron:

—Bueno, doctor, supongo que muchísimos de sus pacientes se volvieron locos debido a la religión.

Él respondió:

—Por lo que yo sé, en todos los años que he sido director de este centro, no he conocido a un solo paciente que haya acudido a él a causa de la religión; pero sí he conocido a cientos que, de haber tenido religión, no se hubieran vuelto locos.

Debería dar gracias a Dios si siente esta inquietud. Yo no se la arrebataría por nada del mundo.

Debemos ser un pueblo purificado si queremos ser adoradores de Dios, que reflejen la imagen de Aquel que nos creó. Pero las vasijas rotas, las arpas sin cuerdas, las higueras estériles, las nubes sin agua, los espejos rotos... qué trágicos y terribles son.

Usted puede pertenecer a un pueblo purificado dentro de este mundo, incapaz de volver atrás y dejar de existir, pero aun así seguir siendo un vaso roto delante de Dios. Ser ante Dios una vida que no brilla, ser un arpa que no suena, una lengua que no da fruto; todo esto es fallar a Dios.

Si usted tuviera una dentadura que requiriese una atención inmediata, lo primero que tendría que hacer cuando pudiera permitirse faltar un día al trabajo sería ir al dentista. Cuánto más importante es encontrar la sangre que me limpia del pecado. No debería permitir que nada se interpusiera en mi camino. Las amistades no significan nada. ¿Los negocios? Es mejor vender frutos secos en la esquina que participar en un negocio que ofenda al Espíritu Santo, rompa el vaso y quiebre el espejo. Los placeres son para las personas locas por ellos. Roma se desmoronó a base de pan y de circo.

Roma, que nos ha dado idioma, leyes, literatura y estándares, creía que no moriría nunca, pero sin embargo cayó como un gran árbol podrido. ¿Ante quién cayó Roma? Sucumbió ante las hordas paganas del norte, los hunos, los longobardos y el resto de los vándalos. Eran personas indignas de ponerse el calzado de los romanos, incluso de sacarle brillo. Roma no acabó debido a una conquista militar externa; Roma falleció por el pan y el circo, por los placeres y divorcios, por las diversiones y por tener demasiado de todo. Se engordó y debilitó, y cuando llegó a ese estado, murió.

Esto es lo que sucede con las iglesias y lo que le pasará a usted si no tiene cuidado. Lo mismo pasa con los países. Digo que no debe haber nada que nos impida avanzar, ni siquiera el propio miedo, porque, ¿acaso hay algo más temible que fracasar ante Dios?

Entonces, ¿qué haremos? Debemos enmendar nuestros caminos. «Así ha dicho Jehová de los ejércitos, Dios de Israel: Mejoren sus caminos y sus obras, y los haré morar en este lugar. No se fíen en palabras de mentira, diciendo: Templo de Jehová, templo de Jehová, templo de Jehová es este». Esta es nuestra religión cristiana. Si usted enmienda a fondo sus caminos y sus actos, entonces Dios le permitirá habitar en este lugar, en la tierra que dio a sus padres, para siempre. Por lo tanto, corrijamos nuestra ofrenda y nuestra oración, nuestra relación con otros, nuestra disciplina personal, nuestras vidas de oración. Enmendemos nuestros caminos delante de Dios para ser un pueblo puro, totalmente aceptable para Él; porque ningún hombre puro puede ser derrotado, y ninguna iglesia pura puede morir.

Oración

Oh Señor Jesús, recordamos tus palabras cuando una de tus iglesias permitió que su amor se enfriase. Tú viniste a ella y quitaste su candelero, y no quedó ni rastro de esa iglesia en aquella ciudad.

Oh Cristo, queremos buscar delante de ti un testimonio perpetuo. Queremos corregir nuestros caminos hasta el punto de que puedas concedernos otro año, otra década, miles de años. Pero hasta que tu santo Hijo descienda de los cielos, tu luz brillará en este lugar. No solo en el vecindario, sino también en Nueva Guinea, el Perú, el Brasil, el Japón y en todos los lugares donde haya necesidad de escuchar el evangelio. Oh Dios, te rogamos que nos ayudes para que podamos corregir nuestros caminos, y empezar a ser y a hacer aquello para lo que fuimos creados. Acudimos a ti en busca de ayuda, Señor; esperamos que nos bendigas y queremos que lo hagas. Amén.

14

MANTENGAMOS UN ESTILO DE VIDA DE ADORACIÓN VIBRANTE

Yo Juan soy el que oyó y vio estas cosas. Y después que las hube oído y visto, me postré para adorar a los pies del ángel que me mostraba estas cosas. Pero él me dijo: Mira, no lo hagas; porque yo soy consiervo tuyo, de tus hermanos los profetas, y de los que guardan las palabras de este libro. Adora a Dios.

APOCALIPSIS 22:8-9

A lo largo de esta serie de capítulos, he sostenido que la adoración no es un evento, sino un estilo de vida. Cuanto más tratemos la adoración como un evento, más se convertirá en una caricatura de la intención de Dios, algo inaceptable para Él. Para mantener un estilo de vida de adoración, debemos practicarlo cada día. Si usted regula la adoración como un acontecimiento que tiene lugar una vez por semana, es que no la entiende en realidad, y tendrá una prioridad baja en su vida.

Por naturaleza, la adoración no es una actuación, algo que hacemos, sino una Presencia que experimentamos. A menos que en nuestra adoración hayamos experimentado la Presencia de Dios, no podremos decir que realmente es adoración cristiana. Ya he señalado que la adoración puede existir aparte de Dios, pero que no es cristiana. Estoy convencido de que una vez experimentemos la Presencia de Dios real, perderemos todo interés por el cristianismo barato, con todas sus campanas y silbatos, que intenta competir en vano con el mundo.

Para que la adoración forme parte vital de la vida cotidiana, debemos alimentarla sistemática y cuidadosamente.

Permítame ofrecerle algunas sugerencias para ayudarle en este proceso. En este punto, es importante mantenerse alejado de todos esos regímenes estériles, mecánicos, que defienden una talla única para todos. Cada uno de nosotros es distinto a los demás, y aunque avanzamos por el mismo camino, tenemos personalidades diferentes. Hay una serie de factores esenciales que debe formar parte de nuestro caminar cotidiano si queremos mantener una vida de adoración vibrante. Estas son algunas cosas que me han ayudado en mi viaje por el camino con Dios.

La calma

He puesto la calma en primer lugar porque, a menos que podamos encontrar un lugar carente de distracciones, el resto se verá perjudicado. Debemos alejarnos del mundo y encontrar nuestro reposo en Dios. En medio de un mundo tan frenético como el nuestro, es casi imposible hallar espacios de quietud. Nuestro mundo está invadido por ruidos de todo tipo e intensidad. No solo en el mundo, sino que cada vez más la Iglesia se hace eco de esta conmoción. Encontrar un rincón donde descansar en paz es un reto importante, pero que vale la pena.

Cuando me hice cristiano, me resultaba difícil hallar un lugar tranquilo. Al final encontré un refugio en una esquina de nuestro sótano, donde podía concentrarme en la adoración sin interrupciones. Allí pasé momentos deliciosos de comunión con Dios, echando los cimientos no solo de mi caminar con Él, sino también de mi ministerio venidero.

Creo firmemente que es importante que estemos en calma y esperemos en Dios. Y es mejor que lo hagamos a solas, preferiblemente con la Biblia abierta ante nosotros. Por lo general, tengo mi versión King James de la Biblia, pero no creo que la versión sea lo más importante. Lo importante es estar a solas con la Palabra de Dios. Allí, en la quietud del instante, y cuando nos acerquemos a Dios, empezaremos a escuchar cómo habla a nuestros corazones. Esta es la parte más importante de nuestro caminar inicial con Dios. Seguir al Señor arbitrariamente es una cosa, pero mucho me complace el pasaje de las Escrituras que dice: «el que tenga oídos para oír, oiga» lo que el Espíritu dice (Lc. 8:8). Los santos de la Antigüedad siguieron esa voz. Hallaron la calma suficiente para escuchar ese «silbo apacible y delicado» de Dios que les hablaba.

En el caso del creyente promedio, la progresión será más o menos así: primero, un sonido como el de una Presencia que camina en el Edén; luego una voz, más inteligible, pero que aún dista de ser clara. Luego el momento feliz en que el Espíritu comience a iluminar las Escrituras, cuando aquello que había sido solo un sonido, o como mucho una voz, se convierte en palabras inteligibles; tan cálidas, íntimas y claras como la voz de un amigo querido. Luego llegarán la vida y la luz y, lo mejor de todo, la capacidad de ver y de reposar en Cristo Jesús, abrazándolo como Salvador y Señor de todos.

La clave consiste en esperar pacientemente y en calma en Dios. No hace falta correr. El ruido es enemigo del alma; y en medio de nuestra cultura, donde los ruidos abundan, es posible que cueste conseguirlo, pero el resultado vale la pena el esfuerzo. Aguarde hasta que Él quiebre el duro caparazón de su conciencia.

Cultivar la calma es una disciplina ausente hoy en la Iglesia cristiana. Parece que en muchas iglesias existe una conspiración patética para arrebatar a los santos la quietud necesaria para alimentar su vida interior, que está escondida en Cristo, en Dios. Los santos de la Antigüedad practicaban lo que ellos llamaban «esperar». Se ponían de rodillas y esperaban en la presencia de Dios hasta que se hacía la luz en sus corazones. A veces tardaban toda la noche, pero la espera valía la pena.

Las Escrituras

Toda adoración debe comenzar con la Biblia. Este mapa de carreteras divino nos conducirá a Dios. Uno de los mejores trucos del diablo ha sido confundirnos con toda una gama de traducciones. La comunidad cristiana está dividida sobre cuál de esas traducciones es la correcta. Sugiero que usted acabe con este asunto de una vez por todas en su propia mente, cueste lo que cueste, y siga fomentando su crecimiento y su madurez espirituales. Luego sitúe la Biblia en un lugar destacado de su vida cotidiana y no permita que nada interfiera con su lectura y su meditación.

Nuestra lectura no debe ser una maratón, sino una asimilación lenta y deliberada de su mensaje. Los calendarios de lectura bíblica no nos ayudan en este sentido. Hay momentos en los que un versículo, o incluso una frase, ejercerán sobre nosotros un curioso magnetismo. Será imposible seguir adelante hasta que ese versículo haya hecho su obra en nuestro corazón. No flaquee en este punto. Permita que ese pasaje madure en su mente y en su corazón mientras sigue alimentando su alma. Dios le habla y merece nuestro máximo respeto y atención. A menudo nos ajustamos a una pauta diaria de lectura bíblica, y nos apresuramos a leer para seguir el ritmo impuesto. La importancia de leer la Biblia no es la actividad en sí, sino la comunión con su Autor. La lectura correcta de la Palabra debe seguir el mismo espíritu de quien la escribió.

Me gusta memorizar pasajes de la Biblia, sobre todo de los salmos de David. Charles Spurgeon solía decir que deberíamos leer la Biblia hasta que nuestra sangre se «biblifique». Me gusta eso. Memorizar pasajes de las Escrituras nos hará avanzar mucho en nuestra meditación en Dios, sobre todo de noche. El salmista dijo: «En mi corazón he guardado tus dichos...» (Sal. 119:11), y sabía bien lo que era deleitarse en la presencia y en la comunión con Dios.

La oración

En su vida de oración, supere rápidamente la idea de «obtener cosas» de Dios. La oración no es técnica en el sentido de que, si hacemos los movimientos correctos y decimos las palabras adecuadas, nuestra oración será respondida automáticamente. Nuestro objetivo al orar no es tan solo «ver respondidas nuestras oraciones». No, en este caso vamos más allá de todo eso, deleitándonos en la presencia impresionante de Dios. La oración no es un monólogo en el que le decimos a Dios lo que pensamos o queremos. Más bien se trata de un diálogo entre dos amigos; una comunión íntima que la mayoría de las veces trasciende de las palabras. Las palabras pueden ser torpes y realmente inadecuadas para expresar cómo nos sentimos de verdad. Tal y como nos animaron a hacer los místicos y los santos, empiece a practicar la presencia de Dios. Esto no es meramente un ejercicio de nuestra imaginación, sino el gozo extático de la comunión. Una vez usted se pierda en una oración arrebatada, nunca volverá a orar por rutina.

La clave para orar es, simplemente, orar. Cuando hablamos con el Dios del universo, nuestros corazones se elevan hacia lo alto, sumidos en asombro y admiración, lo cual da como resultado una adoración espontánea. Nuestro corazón siempre responde a esa incitación celestial. Este tipo de oración es contagioso y, afortunadamente, supone un peligro para nuestra inmovilidad espiritual.

Los himnos

Debo confesar que soy un amante fervoroso de los himnos. En mi biblioteca, conservo una colección de antiguos himnarios. A menudo, cuando voy de camino a una cita, me llevo uno de ellos para leerlo y meditar. Tras la Biblia, el libro más valioso es un himnario. Pero no tengo ninguno que tenga menos de cien años de antigüedad. Si un cristiano moderno se pasa un año meditando en oración sobre los himnos de Watts y de Wesley, se convertirá en un buen teólogo. Añadamos una dieta equilibrada de los puritanos y de los místicos cristianos, y el resultado será más maravilloso de lo que pueda imaginar.

El himnario antiguo tiene un valor incalculable en mi caminar personal con Dios. Puede que esto sea lo más difícil de aceptar. Por diversos motivos, muchos han dejado a un lado los himnarios, o hasta los ignoran. Un ardid astuto del enemigo ha sido separarnos de aquellas elevadas almas que se deleitaban en la atmósfera pura de la presencia de Dios. Le sugiero que consiga un himnario y aprenda a usarlo. Quizá una de las razones por las que los himnarios han perdido el favor de muchos sea que no sabemos cómo leer o cantar un himno. En nuestras congregaciones, no aprendemos los grandes himnos de la Iglesia; en consecuencia, y hablando en términos espirituales, muchos cristianos se empobrecen.

La lectura devocional: los místicos y los santos

Además de las Escrituras, que deben ocupar el primer lugar en nuestro caminar diario con Dios, hay algunas obras devocionales de santos que ya partieron que pueden sernos útiles en el camino. No pienso en esos devocionales de una página, muy populares entre tantas personas hoy día. Es posible que tengan cierto valor para los que comienzan su peregrinaje espiritual, pero los cristianos en pleno crecimiento necesitan alimentos sólidos. Si queremos madurar en nuestra experiencia cristiana, debemos disponer de alimentos que nos fortalezcan durante el viaje.

En mi búsqueda de Dios, me dirigí de forma natural hacia los místicos cristianos. Cuando era un cristiano joven, nunca había oído hablar de ellos ni había visto sus libros en ninguna librería. Un misionero jubilado y pensativo me puso en las manos uno de esos antiguos libros cristianos, y me enamoré de inmediato. Descubrí que los grandes santos estaban perdidamente enamorados de Dios. Mi amor y mi aprecio por esos escritores nacieron del profundo deseo de mi propio corazón, de mi sed de Dios. Aquellas personas conocían al Señor de una forma que yo no lo conocía, y quería saber lo que ellos sabían de Él y cómo llegaron a saberlo.

Ciertamente, aunque admiraba a esos escritores, de ninguna manera respaldé todo lo que decían o enseñaban. Pronto me di cuenta de que una abeja hambrienta es capaz de sacar néctar de cualquier flor vieja y convertirlo en miel. En mi caso, lo que valoraba era su devoción completa a Dios y su capacidad de compartir con otros sus visiones y observaciones espirituales. Me ayudaron en mi caminar con Dios de una manera que no lo han hecho otros escritores, ni siquiera de mi época. Y, después de todo, eso es lo que realmente importa. Nunca podré enfatizar lo suficiente la contemplación de las cosas divinas, que da como resultado una vida consciente de Dios. Aquellos místicos antiguos hicieron por mí justamente eso.

Algunos me han criticado por el afecto que siento hacia algunos de esos viejos amigos míos, los místicos. He aprendido a vivir por encima de eso. Yo solo pido que una persona conozca a Dios de algo más que de oídas. La intimidad que ellos tenían con Dios es lo único que importa realmente. Si un escritor dispone de una información que ha obtenido solamente mediante una investigación, no me interesa. Denme al escritor que tiene la pasión y el fuego de Dios en su alma, que luego se transmiten a la página.

Con el término «misticismo», solo me refiero a esa experiencia espiritual personal, frecuente entre los santos de los tiempos bíblicos y bien conocida por miles de personas en la era postbíblica. Me refiero al místico evangélico que ha sido educado en las Escrituras cristianas. A aquel que camina por el sendero elevado de la verdad, que transitaron los profetas y los apóstoles de antaño, y por donde a lo largo de los siglos han caminado mártires, reformadores, puritanos, evangelistas y misioneros de la cruz. Se distingue del cristiano ortodoxo ordinario solo porque experimenta su fe en la profundidad de su ser sensible, mientras otros no lo hacen. Es consciente, de una manera calma, profunda y en ocasiones casi extática, de la presencia de Dios en su propia naturaleza y en el mundo que lo rodea. Su experiencia religiosa es, a veces, elemental, tan vieja como el tiempo, y tiene conocimiento de Dios en virtud de la unión con el Hijo eterno. Saber eso sobrepasa todo entendimiento.

Simplifique su vida

La vida del cristiano promedio está abarrotada de todo tipo de actividades. Tenemos más en funcionamiento de lo que podemos mantener si queremos preservar nuestra vida interior con Dios. Hay algunas cosas en nuestra rutina que debemos eliminar para dejar sitio para lo esencial de nuestra vida, que es la adoración a Dios. En nuestra vida, hay demasiadas cosas que succionan nuestras energías y que no son esenciales para una vida saludable. Nos vemos corriendo a toda prisa por los aspectos devocionales de nuestra vida, para dar más preponderancia a meras actividades. El trabajo sin adoración es totalmente inaceptable para Dios. Sería una buena práctica repasar una vez al mes su agenda y encontrar una actividad que pueda eliminar. Póngala sobre el altar y verá cómo responde Dios. No pasará mucho tiempo hasta que el factor más importante de su vida sea su adoración personal a Dios.

Las amistades

Este es el factor que he dejado para el final porque contiene el peligro potencial más grande. Sus amigos sustentarán o destruirán su caminar más cercano con Cristo. En este sentido, debemos elegir cuidadosamente a nuestros amigos. Aunque no es necesario ser desagradable con nadie, habrá algunos amigos a los que tendremos que frecuentar poco, para reducir el perjuicio para nuestra vida interior. En ocasiones nos relacionamos con amigos que tienen una naturaleza carnal y una vida frívola. A ellos les resulta fácil alejarnos de nuestro caminar con Cristo e impedir que disfrutemos de una vida vibrante de adoración. A menudo tendremos que dejar atrás a nuestros amigos para concentrarnos en nuestro Amigo.

Cultive la amistad con aquellos que hayan convertido al Amigo de pecadores en su Compañero constante.

Estos pasos sencillos harán mucho para permitirle tener una vida de adoración y de alabanza vibrante. Si lo que creemos no hace que Dios sea más real para nosotros, ¿qué valor tiene? El mantenimiento de nuestra adoración es una responsabilidad que no podemos eludir. Debe ser primordial en nuestra vida cotidiana. El efecto de todo esto se aprecia en el pasaje: «Por tanto, nosotros todos, mirando a cara descubierta como en un espejo la gloria del Señor, somos transformados de gloria en gloria en la misma imagen, como por el Espíritu del Señor» (2 Co. 3:18).

Que Dios nos conceda anhelarlo de tal forma que sobrepase cualquier otro deseo.

Oración

Amado Padre celestial, el mundo es malvado, los siglos corren rápido, y nos quedamos sin tiempo. Oh Dios, sostennos. Oramos que tengamos ojos para ver, oídos para oír y corazones para comprender. Oramos que nos libres de la rutina y el estancamiento. Oramos para que nos des ojos por dentro y por fuera, y una comprensión ungida por ti. Ayúdanos, Señor, en el nombre de Cristo. Amén.

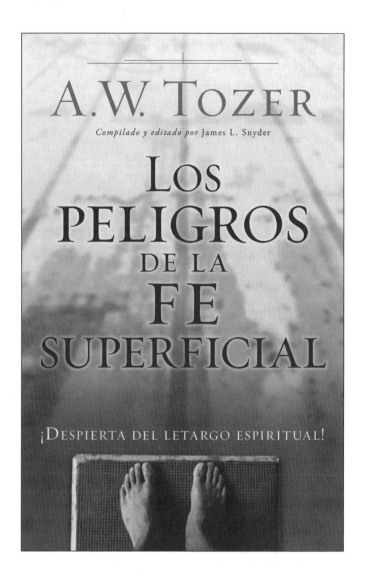

A. W. TOZER

Compilado y editado por James L. Snyder

LOS PELIGROS DE LA FE SUPERFICIAL

¡DESPIERTA DEL LETARGO ESPIRITUAL!

A. W. Tozer dijo: "El peligro se acerca a la vida cristiana desde tres frentes: el mundo en el que vivimos, el dios de este mundo y nuestra carne corrompida". Tozer centra la atención en esos pocos creyentes que prestarán atención al llamado a despertarse en medio de la gran tentación al mal que nos rodea y confiarán en que Dios siempre obra cuando hay uno o dos que escuchan su voz y se niegan a cansarse en su búsqueda de Él.

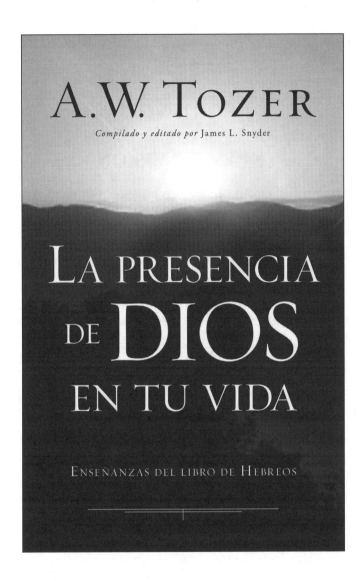

A.W. TOZER

Compilado y editado por James L. Snyder

LA PRESENCIA
DE DIOS
EN TU VIDA

ENSEÑANZAS DEL LIBRO DE HEBREOS

Esta es una colección nunca antes publicada de las enseñanzas del libro de Hebreos, adaptadas de los sermones predicados por Tozer.

Este pastor y maestro de renombre examina en las páginas de este libro lo que significa vivir en la presencia de Dios. Únete a él para explorar el repaso histórico presentado en esta epístola, y verás tus propias luchas retratadas en las "historias de héroes" relatadas en ella. Por medio de la enseñanza y los comentarios perspicaces de Tozer, esta antigua carta invita a los creyentes de hoy a entender y experimentar la presencia de Dios en su vida.

EDITORIAL
PORTAVOZ

NUESTRA VISIÓN

Maximizar el efecto de recursos cristianos de calidad que transforman vidas.

NUESTRA MISIÓN

Desarrollar y distribuir productos de calidad —con integridad y excelencia—, desde una perspectiva bíblica y confiable, que animen a las personas a conocer y servir a Jesucristo.

NUESTROS VALORES

Nuestros valores se encuentran fundamentados en la Biblia, fuente de toda verdad para hoy y para siempre. Nosotros ponemos en práctica estas verdades bíblicas como fundamento para las decisiones, normas y productos de nuestra compañía.

Valoramos la excelencia y la calidad
Valoramos la integridad y la confianza
Valoramos el mérito y la dignidad de los individuos y las relaciones
Valoramos el servicio
Valoramos la administración de los recursos

Para más información acerca de nuestra editorial y los productos que publicamos visite nuestra página en la red: www.portavoz.com